Matthias Ennenbach
Achtsam werden

»Durch Achtsamkeit nehmen wir bewusst Abstand zu unseren vielzähligen Automatismen, dies ist ein wirkungsvoller Weg aus dem Leidenskarussell.«

Dr. Matthias Ennenbach ist Diplom-Psychologe aus NRW, approbierter psychologischer Psychotherapeut und promovierte an der medizinischen Fakultät der Universität München. Seit rund 25 Jahren arbeitet er in Kliniken sowie in eigener Praxis. Er lebt in Berlin, ist als Gastreferent in Universitäten, Seminarleiter und Ausbilder für Therapeuten und Achtsamkeitstrainer deutschlandweit sowie in der Schweiz, Österreich und den USA unterwegs. Die von ihm etablierte Buddhistische Psychotherapie vereint die östlich-buddhistische und die westlich-psychotherapeutische Behandlungsform zu einer heilsamen und erfolgreichen Praxismethode. Dr. Matthias Ennenbach ist Autor zahlreicher Bücher zu den Themen Achtsamkeit, Psychotherapie, Psychosomatik, Buddhismus und Buddhistische Psychotherapie. Weitere Infos: www.Info-BPT.de

Matthias Ennenbach

# DER GLÜCKSCOACH

# Achtsam werden

## Die eigene Mitte finden im Alltag

# Achtsamkeit – die innere Mitte finden

# Achtsam durch den Alltag

# 10 GUTE GRÜNDE,
## SICH IN ACHTSAMKEIT ZU ÜBEN

1. Sie lernen durch die Achtsamkeitsmethode u. a.,
wie Sie sich selbst aktivieren oder beruhigen können.

2. Dadurch erfahren Sie Selbststeuerung und Selbstwirksamkeit.

3. Selbststeuerung und Selbstwirksamkeit zu erfahren,
steigert spürbar das Selbstvertrauen.

4. Diese ersten Achtsamkeitsschritte stabilisieren das innere Fundament.

5. Das hat nachhaltig positive Auswirkungen
auf Ihre psychische und auch physische Verfassung.

Auf der körperlichen Ebene finden zahlreiche Ausgleichsprozesse statt,
so wird z. B. das Immunsystem stabilisiert.

Auf der psychischen Ebene erfolgen ebenfalls komplexe Veränderungen,
aus einem achtsamen Verhalten erwächst nach und nach
eine achtsame Grundhaltung.

Ihre Gedanken klären sich, sodass Sie sich besser konzentrieren können.

Belastendes dringt nicht mehr so tief in Sie ein,
Sie spüren mehr Gelassenheit.

Durch die Zunahme an Klarheit
realisieren Sie, was Ihnen wirklich wichtig ist im Leben.

# Willkommen auf einer Reise in die Achtsamkeit

haben Sie den Eindruck, nie wirklich Zeit zu haben? Ist Ihr Tag oft randvoll mit Verpflichtungen und Aktivitäten? Wenn das so ist, fühlen Sie sich vermutlich am Abend geschafft, aber nicht erfüllt. Sie haben den Tag nicht erlebt, sondern nur Programme abgespult. Doch wenn wir unsere Zeit damit verbringen, nur wie eine Maschine Programme ablaufen zu lassen, dann rauscht das Leben an uns vorbei. Wir sind nicht wirklich bei uns, sondern im Autopilot-Modus.

Dieses Buch lädt Sie dazu ein, immer mal wieder einen Schritt beiseitezutreten und das Hamsterrad zu verlassen. Es geht darum, in den Moment zu kommen, wahrzunehmen, was jetzt gerade ist. Wie fühle ich mich, welche Gedanken kreisen in meinem Kopf, was sagt mein Körper (Nackenverspannung, Rückenschmerzen, Grummeln im Bauch)?

Kleine Meditations- und Achtsamkeitsübungen unterstützen Sie dabei, im Alltag zur Ruhe und zu sich zu kommen. Die so gewonnene Gelassenheit und klarere Sicht wirken sich nicht nur positiv auf Ihr Befinden und Ihre Gesundheit aus, sondern erleichtern auch die Bewältigung der täglichen Aufgaben. Das Buch bietet einen anschaulichen Einstieg mit vielen Skizzen, die Ihnen Erinnerungs- und Verständnishilfe gleichermaßen sein können. Lassen Sie sich insbesondere für das eigene Üben inspirieren. Ich wünsche Ihnen eine anregende Lektüre.

Ihr Matthias Ennenbach

# ACHTSAMKEIT

*die innere* **Mitte**
*finden*

# Sich selbst steuern

Wenn Sie achtsam sein möchten, dann werden Sie wahrscheinlich bemüht sein, sich selbst und Ihr Tun in einer bewussten Weise wahrzunehmen.

Wahrscheinlich meinen Sie, dass Sie durchaus bewusst handeln können. Tatsächlich verfolgen wir in unserem Alltag aber eher Gewohnheitsmuster, als dass wir wirklich durchgängig ein waches Bewusstsein aufrechterhalten. Überprüfen Sie doch bitte jetzt einmal nur Ihre Körperhaltung. Wie ist die zustande gekommen?

## Meistens »funktionieren« wir nur

Wenn Sie sich gleich bewegen, wer regelt die nächste Bewegung? Wenn Sie sich später unterhalten, wer sucht nach dem ersten Wort für die Begegnung? Wenn Sie sich ins Auto setzen, wer steuert dann die Abläufe, die über Leben und Tod vieler bestimmen? Wenn Sie Ihren Alltag selbstkritisch beleuchten, werden Sie wohl feststellen müssen, dass nicht Sie es sind, der die Abläufe bewusst steuert. Sie funktionieren den ganzen Tag über wie eine gute Maschine und »plötzlich« ist es schon wieder Abend. Die Zeit vergeht nämlich im unbewussten Zustand subjektiv deutlich schneller.

Es sind also die unbewussten Routinen, die das Funktionieren auf Autopilot ermöglichen und zu unzähligen Problemen führen. Vielleicht meinen Sie, dass es auch Vorteile hat, dass wir Gelerntes einfach abspulen können oder dass wir etliche Dinge im Multitasking gleichzeitig erledi-

wusster zu leben und nicht mehr nur automatisiert zu funktionieren.

## Vom Autopilot-Modus zum lebendigen Wesen

Das Achtsamkeitstraining macht also gewissermaßen aus einer automatisierten Maschine ein lebendiges, bewusstes Wesen. Was meinen Sie, wie sich das anfühlt? Neugierig geworden? Ich möchte Ihnen hier einen für Sie leicht umsetzbaren Weg aufzeigen, wie Sie Achtsamkeit in sich erzeugen und aufrechterhalten können.

Generell ist es ein Weg, der dazu einlädt, sich selbst bewusst und eigenverantwortlich zu steuern. Automatisiertes, unbewusstes Verhalten führt uns schnell an Grenzen, insbesondere, wenn wir unter Druck noch eingeschränkter funktionieren. Früher oder später müssen wir dann Hilflosigkeitserfahrungen machen. Und nichts zersetzt die innere Verfassung so sehr wie das Gefühl von Hilflosigkeit und Kontrollverlust. Unser Selbstwertempfinden sinkt und damit auch zahlreiche andere psychische Ressourcen. Egal mit welcher Problematik Sie kämpfen, sobald Sie diese nicht mehr selbst steuern können, verschärfen sich die Probleme.

gen können, ohne mit unserer Aufmerksamkeit überfordert zu sein. Tatsächlich drängen uns solche Abläufe in unbewusstes, automatisiertes Verhalten. Und wenn wir durch Probleme unter Druck geraten, werden solche unbewussten Abläufe nur noch extremer. Wer leidet, verfügt nur noch über einen Tunnelblick (S. 24). In der Not greifen wir ohne Geistestraining immer nur auf alte Muster zurück.

Das sind alles keine individuellen Probleme, sondern beschreiben ganz normales menschliches Funktionieren. Aber es zeigt dennoch nicht die Grenzen des Möglichen auf. Im Gegenteil. Wir verfügen über ein inneres Potenzial, also Veranlagungen, die es ermöglichen, be-

## Bewusster und glücklicher leben

Achtsamkeit ist nie ein schöngeistiges Konzept gewesen, sondern war schon immer eine Methode, bewusster und damit auch glücklicher zu leben. Deshalb fügt sich die Achtsamkeit genau in die eben beschriebene Problematik ein und zeigt uns, wie wir uns selbst wieder besser steuern lernen.

Wir müssen also das Rad nicht neu erfinden, sondern können auf eine bewährte Methode zurückgreifen. Ein solches Konzept möchte ich Ihnen hier vorstellen. Es ist eine sehr effektive und gut erprobte Achtsamkeitsmethode, die sich »Achtsame Selbststeuerung« (ASST®) nennt. Sie stammt aus der Lehr- und Praxismethode der Buddhistischen Psychotherapie (BPT®). Allerdings müssen Sie hier keine buddhistischen Sichtweisen übernehmen oder gar eine Psychotherapie lesend durchlaufen. Genießen Sie einfach die vielen Skizzen und konkreten Anregungen und fühlen Sie sich zu einer Art Selbstexperiment eingeladen. Prüfen Sie

gern selbst, was Sie hier als interessant empfinden, und bilden Sie sich so ein eigenes Urteil. Wenn Sie nur 14 Tage hiervon etwas umsetzen, werden Sie unweigerlich bereits die ersten heilsamen Effekte zu spüren bekommen.

## Ein paar Worte zur BPT®

In diesem Buch lernen Sie durch die vielen Skizzen auf eine recht anschauliche Art und Weise einige Elemente der BPT® kennen. Die BPT® ist eine spezielle Kombination aus Neurowissenschaften, Psychologie, Psychotherapie, Meditation und Achtsamkeitstraining, die eine effiziente und heilsame Behandlungs- auch Selbsthilfemethode darstellt. Die nicht-religiösen buddhistischen Inhalte bilden den konzeptuellen Rahmen. Die BPT® kann sehr unterschiedliche menschliche Ebenen unterstützen und bei vielfältigen Symptomen und Problemen hilfreich sein. Ihre Wirksamkeit ist mittlerweile wissenschaftliche gut nachgewiesen. Diese Methode kann genutzt werden, um spezielle Symptome, wie Angst, Depression,

Schmerz, Wut, Grübelei, Beziehungsprobleme etc. zu lösen; sie wirkt heilsam auf körperliche/psychosomatische Erkrankungen und zeigt zudem Möglichkeiten auf, wie spirituelle Ressourcen nutzbar gemacht werden können. Des Weiteren werden nicht nur spürbare Defizite behandelt, sondern mindestens gleichwertig vorhandene heilsame Veranlagungen oder bereits schon existierende Ressourcen gezielt gefördert.

Darüber hinaus funktionieren die Methoden der BPT® und des ASST® als Wegweiser und auch als Erleichterung. Denn hier werden universelle menschliche Funktionsweisen transparent gemacht und wir finden eine strukturierte Vorgehensweise, die schon sehr lange erfolgreich besteht.

Die nun folgenden ersten Themen sind auch zugleich in der Praxis die ersten Schritte, die vermittelt werden. Diese ersten Ansätze konzentrieren sich *nicht* primär nur auf die individuellen Probleme, sondern zeigen, dass wir als Menschen universell, also alle, recht ähnlich funktionieren. Das bedeutet zum Beispiel, dass, egal mit welcher Problematik Sie gerade beschäftigt sind, diese Schwierigkeiten auf den menschlichen Geist eintrübend wirken. Immer vernebeln uns Schwierigkeiten die Sicht. Ob Sie Stress erleben, Ihren Süchten nachgehen oder Ängste, Schmerz, Depressionen oder Ärger Ihnen das Leben schwer machen: In Ihrem Geist wirken die unterschiedlichsten Impulse sehr ähnlich, nämlich vernebelnd. Als würde der innere Druck zu einem inneren Schneetreiben führen, sodass wir den Weg verlieren und auf »Abwege« geraten. Das ist universell.

Deshalb sind problembeladene Menschen nicht krank, sondern einfach nur menschlich. Wir alle funktionieren diesbezüglich – ohne Geistesschulung – recht ähnlich. Es ist lohnenswert, solche universellen Themen gleich zu Beginn zu verdeutlichen. Wenn uns äußere Reize schnell innerlich vernebeln und wir oft »die Hand nicht mehr vor Augen« sehen, benötigen wir einen klaren Kopf. Nicht ohne Grund lautet die erste Notfallmaßnahme weltweit: Ruhe bewahren!

## Zur Ruhe finden

Im Schneegestöber kann keiner klar sehen. Doch unser Geist ist häufig genauso ruhelos wie eine Schneekugel, die ständig geschüttelt wird. So rege und rastlos wie die Schwebepartikel in der Kugel irren unsere Gedanken umher.

Wenn wir dann noch unter Stress geraten oder etwas Schlimmes passiert, herrscht völliges »Schneetreiben«. Unser Geist lässt sich sehr schnell eintrüben und wir bekommen einen »Tunnelblick«. Selbst von scheinbar angenehmen Impulsen und Gefühlen werden wir umhergetrieben. So viele Reize vermögen uns den Blick vollkommen zu trüben.

Die nächstliegende Strategie ist eigentlich auch jedem klar, der schon einmal eine Schneekugel in der Hand hatte: Ruhe herstellen. Wir benötigen Methoden, die unsere innere Unruhe besänftigen und innere Klarheit erzeugen. In diesem Buch finden Sie konkrete Anregungen, um achtsam zu werden und die »inneren Schwebepartikel« sinken zu lassen.

Die Schwebepartikel beginnen langsam den Sinkflug, wir finden mehr innere Ruhe und erzeugen dadurch Klarheit. Diesen Prozess können wir weiter fortsetzen, bis wir einem Zustand nahekommen, den wir in der nachfolgenden Abbildung sehen.

Dies ist kein Zustand der »Liegestuhl-Entspannung«, wir streben keine träge, schläfrige Ruhe an, sondern eine ruhige, doch konzentrierte und klare Gelassenheit. Nicht zu viel Spannung aber auch nicht zu wenig.

Ich lade Sie ein, sich mit mir auf den Weg dorthin zu begeben: Probieren Sie die kleinen Übungen aus und lassen Sie sich von den sprechenden Bildern inspirieren. Der erste Schritt besteht immer darin, den Ist-Zustand wahrzunehmen. Lernen Sie zuerst, sich selbst im Alltag immer mal wieder zu beobachten: Wie viel Schneegestöber ist jetzt wahrnehmbar?

## Achtsamkeit ist wie eine Schutzschicht

Die Achtsamkeit, die wir für uns selbst aufbringen können, führt zu sehr vielen heilsamen Effekten. Wir verlernen den Tunnelblick, erleben uns selbst deutlich bewusster und lernen die achtsame Selbststeuerung. Dieser strukturierte Vorgang wirkt wie eine Schutzvorrichtung und ist mit einer Schutzschicht vergleichbar.

Wir selbst spüren diese Schutzschicht, weil wir einen Teil unserer Aufmerksamkeit immer bei uns selbst behalten. Zudem reduziert sich unsere Abhängigkeit von äußeren Geschehnissen. Wir werden gelassener, weniger dünnhäutig. Wir lassen uns nicht mehr so durchschütteln und die inneren Schwebeteilchen gehorchen diesem Achtsamkeitsvorgang.

Die hier vorgestellten Übungen dienen der Vorsorge, der Bewältigung akuter Probleme und natürlich auch der Nachsorge. Es ist einfach wichtig, sich vorzubereiten. Aber selbst wenn wir eine akute Situation nicht wie gewünscht meistern, können wir immer noch als Nachsorge für eine gute Verarbeitung sorgen.

## Was belastet Sie?

Vermutlich werden Ihnen beim Lesen dieses Buches die Bilder ebenso wie die beschriebenen Probleme sehr bekannt vorkommen. Denn unsere Probleme sind universell. Sicher sind Sie ein einzigartiges Individuum, aber dennoch ist keines Ihrer Probleme einzigartig. Wir alle leiden immer wieder und oft aus sehr ähnlichen Gründen. Wir fühlen uns verletzt, verlassen, nicht ernst genommen, übergangen, werden tatsächlich angegriffen, erleben Ängste vor Dingen, die vielleicht nie passieren werden, oder aber Ängste vor und nach schwereren Erkrankungen und Unfällen, um nur wenige Herausforderungen zu nennen.

Doch obwohl alle Menschen sich mit ähnlichen Problemen herumschlagen, empfinden wir unsere Problematik meist als eine individuelle Last, die wir tagtäglich mit uns herumschleppen. Haben Sie auch so einen Rucksack auf dem Rücken?

Achten Sie einmal darauf, wohin der Blick der Figur fällt. Wenn wir schwere Lasten tragen, dann können wir nur noch wenige Meter vor uns den Boden erkennen. Wir verlieren den Überblick und so trübt sich unsere Sicht. – Kommt Ihnen das bekannt vor?

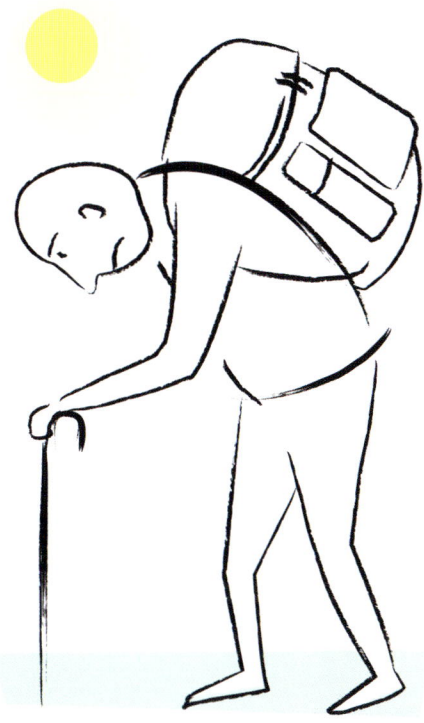

Vielleicht fühlen Sie keinen Rucksack, sondern einen Stein oder einen Brocken, den Sie durchs Leben tragen?

Ist der Brocken sehr schwer? Woraus besteht diese Last genauer? Würden Sie ihn gern abstellen oder gar loswerden? Aber ist das möglich? Um die nächsten Schritte zu ermöglichen, sollten wir uns Ihren Ballast etwas genauer anschauen.

## Der Inhalt der Last

Jedes Problem, unter dem Sie leiden, wurde bereits schon millionenfach erfahren und erlitten. Der Inhalt ist also bestens bekannt. Deshalb gibt es bezüglich der menschlichen Probleme reichhaltige

Erfahrungswerte. Beginnen wir mit der Struktur. Der Inhalt scheint sehr komplex und fast unübersichtlich, schließlich hat sich in den vielen Jahren etliches angesammelt. Erstaunlicherweise lässt sich der Inhalt des Rucksacks bzw. Brockens, den jeder Mensch mit sich herumschleppt, in nur zwei Kategorien unterteilen.

In der einen Kategorie oder Schublade stecken verschiedene Fakten, in der anderen befinden sich Ihre Ego-Regungen. Bei den Fakten geht es um Sachverhalte, die geschehen sind. Sie lassen sich nicht wegdiskutieren. Fakten tragen oft ein Datum oder können belegt werden. Da ist tatsächlich etwas passiert. Die Ego-Regungen beziehen sich auf unsere per-

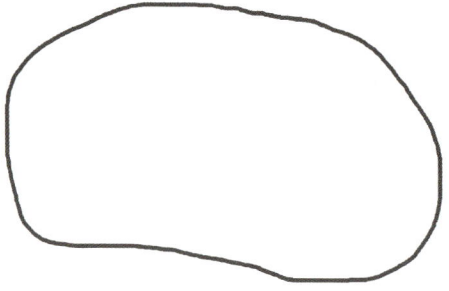

Fakten + Ego

sönlichen Reaktionen auf diese Fakten. So können Sie Ihren Rucksack in zwei Bereiche unterteilen und erhalten bereits schon einen etwas besseren Überblick.

## Das Verhältnis von Fakten zu Ego-Regungen

Diese Einteilung strukturiert etwas, in dem wir vielleicht vorher kein System erkennen konnten. Es ist auch sehr interessant, die Relationen zwischen Fakten und Ego zu betrachten. Manchmal entstehen heftige Reaktionen (Ego-Regungen) auf der Grundlage relativ kleiner Fakten: Der Chef hat am Morgen nicht gegrüßt (Fakt) und wir hadern (Ego-Reaktion) den ganzen Tag. Manchmal ist das Verhältnis aber auch umgekehrt: Selbst bei gravierenden Fakten haben wir unsere Ego-Regungen im Griff; zum Beispiel wenn wir verletzt werden und dennoch innere Ruhe bewahren lernen.

Von zentraler Bedeutung ist die Frage, wie wir eine Verbesserung für uns erreichen können: Indem wir uns mit den Fakten beschäftigen oder mit unseren Ego-Regungen?

### Fakten sind unabänderlich

Interessanterweise fühlen wir uns besonders von den Fakten angezogen. Wie die Motten vom Licht, so werden wir von Fakten angelockt. Wir wenden sie hin und her. Wir begutachten sie. Dann versuchen wir, sie zu manipulieren. Wir möchten die Fakten ändern, für uns angenehmer gestalten. Aber das funktioniert natürlich nicht oder zumindest selten. Das ist für uns aber kein Grund, uns nicht weiter auf diese Fakten zu fokussieren. Jetzt beginnt das Hadern und Grübeln. Wir möchten unbedingt, dass sich die Fakten ändern. Andere Menschen haben doch auch angenehmere Fakten. Warum sollen ausgerechnet wir mit solchen Fakten bestraft werden? Mit solchen oder ähnlichen sinnlosen Bemühungen verbringen viele Menschen einen Großteil ihres Lebens.

### Nur die Ego-Regungen liegen in unserer Hand

Die sehr einfache vorausgegangene Skizze lässt uns keinen großen Interpretationsspielraum. Es wird sofort offensichtlich, wo wir ansetzen sollten: bei unseren Ego-Regungen, denn hier haben wir wesentlich mehr Handlungsspielräume als bei den Fakten.

## Übung: Welche Ego-Regungen kennen Sie von sich?

Haben Sie Lust zu einer kleinen Übung? Dann nehmen Sie sich einen Moment Zeit, um sich mit folgenden Fragen zu beschäftigen.

- Wenn morgens der Wecker klingelt, wie reagieren Sie? Und wie könnten Sie stattdessen reagieren?
- Wenn Sie durch den Regen laufen müssen, wie reagieren Sie? Und wie könnten Sie stattdessen reagieren?
- Wenn Sie von Vorgesetzten oder Kollegen kritisiert werden, wie reagieren Sie? Und wie könnten Sie stattdessen reagieren?
- Wenn es in der Familie Konflikte gibt, wie reagieren Sie? Und wie könnten Sie stattdessen reagieren?
- Wenn Sie nicht mehr damit zufrieden sind, was Sie im Spiegel sehen, wie reagieren Sie? Und wie könnten Sie stattdessen reagieren?

Auf der rechten Seite finden Sie Platz, um Ihre Gedanken festzuhalten.

Ihr Alltag ist mit unendlichen Möglichkeiten übersät, neue Reaktionsweisen auszuprobieren. Eine Einschränkung darf nicht unerwähnt bleiben: Wenn Ihr Ego eher zu schwach ist und damit Ihr Selbstwertempfinden geschwächt ist, dann ist es eher angezeigt, stärkend vorzugehend. *Prüfen Sie*, was Ihr Ego möchte. Hören Sie auf Ihre innere Stimme, und versuchen Sie daraus positive, also stärkende Erfahrungen zu machen. Ist Ihr Ego geschwächt, benötigen Sie also zuerst positive, stärkende Erfahrungen. Falls Sie Ihr Ego als ausreichend stark einschätzen, dann *versuchen Sie*, selbstkritisch neue Wege, die Sie etwas wegführen von den typischen Ego-Impulsen.

Sie merken, es kann und darf hier keine zu stark vereinfachten Lösungsversprechen geben. Sie sollen für sich selbst Entscheidungen treffen. Aber weil das oft nicht gerade leicht ist, finden Sie auch dafür ein paar Anregungen.

| Wie reagieren Sie, wenn ... | Wie könnten Sie statt-dessen reagieren? |
|---|---|
| morgens der Wecker klingelt? | |
| Sie durch den Regen laufen müssen? | |
| Sie von Vorgesetzten oder Kollegen kritisiert werden? | |
| es in der Familie Konflikte gibt? | |
| Sie nicht mehr damit zufrieden sind, was Sie im Spiegel sehen? | |

## Übung: Wanderziele benennen

Wie sieht die Weggabelung Ihres Lebens aus, an der Sie gerade stehen. Welche »Wanderziele« sollen der Vergangenheit angehören (links) und wohin wollen Sie sich aufmachen (rechts)?

Welche markanten Punkte liegen hinter Ihnen? Das sind Themen für die Schilder, die nach links zeigen. Und zu welchen Zielen würden Sie sich gern aufmachen? Das wären die Zukunftswegweiser, die nach rechts zeigen.

Nehmen Sie sich etwas Zeit für diese kleine Übung. Betrachten Sie die Skizze mit den leeren Wegweisern. Versuchen Sie nicht zu sehr Ihren Verstand als beantwortende Instanz zu bemühen.

»Welche Instanz denn sonst?«, werden Sie vielleicht fragen. Betrachten Sie einfach für eine Weile die leeren Richtungsschilder und lassen Sie sie auf sich wirken.

Diese leeren Wegweiser sind nicht irgendwo dort draußen, sondern sie existieren in Ihnen. Es sind gewissermaßen leere Stellen in Ihrer Aufmerksamkeit. Gibt es viele solcher leeren Stellen, führt das dazu, dass Sie sich in Ihrer Gesamtpersönlichkeit und in Ihrem Ego geschwächt und verunsichert fühlen. Diese Übung kann daher auch haltgebend wirken, wenn Sie sich bisher eher ziellos durchs Leben haben treiben lassen. Sich seiner Ziele bewusst zu werden, führt auch dazu, mehr Verantwortung für das eigene Leben zu übernehmen und im wahrsten Sinne des Wortes gezielt vorzugehen.

## Sonne und Wolken oder der Tunnelblick

Wenn es uns nicht gut geht, engt sich unser Blick ein. Wir sehen nur noch Wolken, unsere Sicht ist getrübt. Wir wissen, dass oberhalb der dicken Wolkenschicht der blaue Himmel leuchtet und die Sonne scheint. Die Wolken dienen als Symbol für unsere Ego-Impulse, mit denen wir uns oft den Weg versperren: ICH will, ICH mag nicht, ICH hätte gerne…

Aber trotz unseres Wissens nehmen wir nur die Wolken wahr. Wenn wir die Skizze betrachten, erkennen wir sofort den Irrtum und die Tragik dieser Figur. Es ist trivial, aber dennoch erkennen wir es nicht mehr, wenn wir leiden. Deshalb müssen wir es sehen, mit eigenen Augen. Doch selbst wenn nur eine einzige Wolke zu sehen ist, bringen wir es fertig, uns auf diesen einen Schatten zu konzentrieren.

Wir müssen nur ein paar Meter gehen, um aus dem Schatten herauszutreten. Aber oftmals bleiben wir wie gelähmt stehen (oder liegen). Wir schauen auf den Schatten und meinen, die ganze Welt sei dunkel.

Kritische Reflexionen erzeugen oft ein inneres Schmunzeln. »Ja, genau, das kenne ich bei mir auch«, denken viele und begehen dann den folgenschweren Irrtum zu glauben, dass sie tatsächlich so sind. Es

entsteht der Eindruck von etwas Festem, das seinem Wesen nach aber dynamisch ist. Wir erkennen unsere Schwächen und geben uns nur zu oft damit irgendwie »zufrieden«. Was ist das mit dem inneren Widerstand, der uns verharren lässt? Wir halten an diesem Empfinden fest, weil es unser ICH ist. Es fühlt sich so richtig an. Deshalb machen wir einfach unsere Umwelt für Missempfindungen verantwortlich.

## Widerstand – Ecken und Kanten

Sind Sie stolz auf Ihre Eigenarten, Ihre Ecken und Kanten? Geben Sie gern Kontra? Tatsächlich können wir ohne unsere Widerstandskraft nicht überleben; aber wenn wir das rechte Maß verlieren und unser innerer Widerstand alles zu überdecken droht, dann entstehen Probleme. In Situationen, in denen wir uns psychisch geschwächt fühlen, benötigen wir unsere Widerstände. Aber bei ausreichender psychischer Stabilität sollten wir unsere widerständigen Reaktionen kritisch hinterfragen. Als Anregung kann hier das recht provozierende Statement verstanden werden: »Nicht die Umwelt stört dich, sondern du störst die Umwelt.« Wie ist das zu verstehen? Wenn Sie wie ein Ziegelstein im Flusslauf liegen, dann entstehen Wirbel, die der Fluss alleine nicht erzeugt.

Das soll jetzt nicht heißen, dass Sie aalglatt und stromlinienförmig werden müssen, sondern nur, dass Sie Ihre Mitverantwortung erkennen, wenn das Leben sich an Ihnen reibt.

Als Stein können wir uns selbst nicht kritisch betrachten, also lösen Sie Ihre versteinerten Ansichten. Eine Klärung unserer Sicht ist ein wesentlicher Heilungsschritt.

### Der normale Lebensfluss

Die meisten unserer Ärgernisse gehören in den normalen Lebensfluss. Ampeln werden rot, manchmal regnet es, manchmal trennen sich Menschen, Krankheiten existieren und Menschen sind sterblich. All das gehört zum normalen Lebensfluss. Wie sehr möchten Sie Ihre Ecken dagenstemmen? Und wie sehr möchten Sie sich über die Verwirbelungen aufregen?

Es ist nur zu natürlich, dass wir den Strom des Lebens ernst nehmen. Oft genug kommt es zu Verletzungen. Die hier angebotene Strategie lautet: Mache es nicht schlimmer, als es bereits ist!

Erzeugen Sie nicht noch zusätzlich eine »große Welle«. Dafür ist es hilfreich, die inneren Schwebeteilchen wieder in den Sinkflug zu bringen. Dazu finden Sie später noch weitere Anregungen.

Wenn Widerstand eine Handlungsalternative ist, dann ist das Voranpreschen eine entgegengesetzte.

Mit **Geduld** zähmt man sogar wilde **Tiere**.
**Weshalb** sollten wir also unseren **Verstand** nicht zähmen können?

Dalai Lama XIV.

## Karriereleiter?

Vielleicht sind es nicht oder nicht nur Ihre Ecken und Kanten, mit denen Sie sich das Leben schwer machen, sondern Sie haben auch einen »inneren Antreiber«, der Ihnen im Nacken sitzt: Ehrgeiz, Perfektionismus oder Angst.

Wir bemühen uns so sehr, voran- oder weiter heraufzukommen. Für viele Menschen lautet das Lebensmotto: »Immer weiter, immer höher« oder »Stillstand ist Rückgang« oder »Man sollte es bis nach oben schaffen.« »Karriere« ist ein magisches Wort in unserer Kultur geworden. Es strampeln sich ganze Menschenmassen in dem Versuch ab, die Karriereleiter Sprosse für Sprosse immer weiter nach oben zu klettern. Die Skizze links zeigt uns diesen Sachverhalt.

Wenn wir nur diesen Ausschnitt sehen, dann könnten wir noch vermuten, dass die Karriereleiter zu bezwingen wäre. Sprosse für Sprosse. – Wenn wir zwischen den Sprossen der Leiter am Kämpfen sind, dann können wir oft nicht mehr das Wesen so einer Leiter erkennen. Manche Zusammenhänge lassen sich naturgemäß erst mit ein wenig mehr Abstand erkennen.

Dieser Abstand wird leider oft erst möglich, wenn Menschen von der Leiter fallen oder heruntergestoßen werden. Dann erst kommt die erschreckende Einsicht, dass sehr viele vermeintliche Karriereleitern kein Ende haben und rund sind: Hamsterräder.

## Hamster im Rad

Was sich wie ein Vorankommen anfühlt, ist oft nur das Rattern unseres eigenen Hamsterrades.

Mit dem Bild des Hamsterrades vor Augen wird auch klar, dass es überhaupt nichts nützt, das Tempo zu erhöhen. Sie strampeln sich ab und kommen doch nicht vom Fleck. Wer so ein Leben kennt, wird früher oder später Symptome an sich bemerken, denn unser Körper reagiert permanent auf alles, was wir mit ihm anstellen.

Sie gehen bereits in die richtige Richtung, denn Sie haben sich entschlossen, zumindest zeitweise aus dem hektischen Alltag gedanklich auszusteigen. Sie werden erstaunt sein, dass bereits kleine Änderungen im Alltag wie die Achtsamkeits- und Meditationsübungen in diesem Buch große Effekte erzielen können. Sie müssen nicht Ihr ganzes Leben umkrempeln oder ein Jahr Auszeit nehmen. Oft ist es nicht so sehr die Frage, *ob* Sie etwas erledigen, sondern *wie* Sie es tun. Die innere Ausrichtung spielt dabei eine große Rolle. Für solche Kurskorrekturen gibt es ein sehr hilfreiches Bild auf Seite 30.

## Nur eine kleine Kurskorrektur

Wenn Sie in Hamburg an Bord eines Schiffes gehen und der Kapitän stellt den Kurs auf 270° ein, also Westkurs, dann landen Sie womöglich irgendwo in Nordamerika.

Verringert der Steuermann den Kurs aber nur um 1° auf 269°, dann landen Sie viel weiter südlich, vielleicht irgendwo in der Karibik. Also, nur 1° Kurskorrektur und wir landen in der Karibik. Das soll uns diese Skizze verdeutlichen. Prägen Sie

sich das gern ein: Nur ein Grad Veränderung bringt auf lange Sicht einen großen Wandel zustande. Unser Üben kann sich kurzfristig angenehm oder manchmal auch schwierig anfühlen, aber langfristig wirkt es wie eine clevere Investition.

Finden Sie heraus, in welchen Lebensbereichen es einer kleinen Kurskorrektur bedarf, und führen Sie diese dann konsequent aus. Immer nur einen sicheren Schritt nach dem anderen. Kein gehetztes Voranpreschen. Es ist die Philosophie der sicheren Schritte. Das Buch möchte Ihnen dabei ein Wegbegleiter sein.

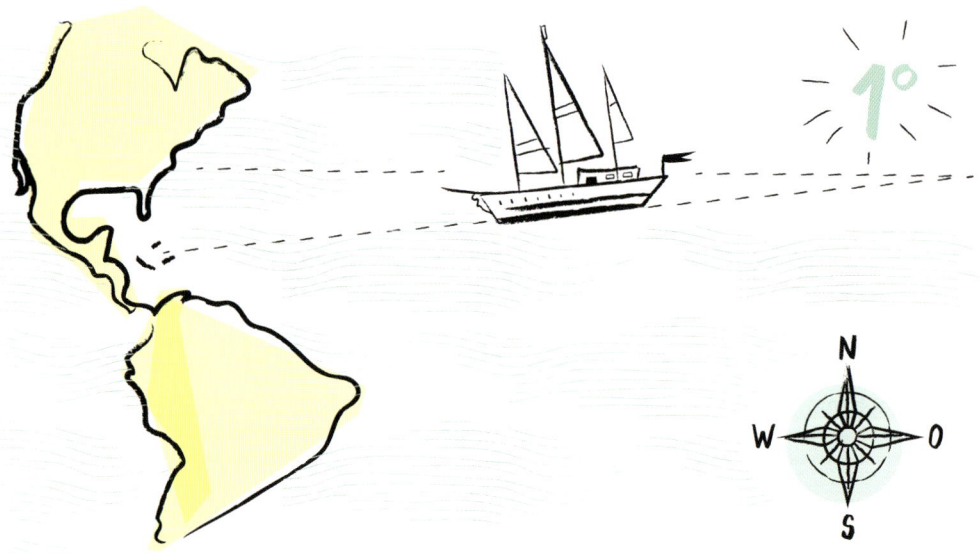

## Heilsame Veränderungen durch Achtsamkeit

Um die heilsamen Effekte der Achtsamkeit nachvollziehen zu können, wäre es sehr hilfreich, wenn Sie sich auf eine ganzheitliche Sichtweise einstellen könnten. Damit ist gemeint, dass Achtsamkeit auf systemische Weise auf uns einzuwirken vermag. Es bewirkt heilsame Veränderungen auf geistiger, physischer, psychosomatischer und sozialer Ebene. Es sind Ebenen, die von Natur aus untrennbar sind.

### Der Zustand unseres Geistes bestimmt, wie wir die Welt sehen

Achtsamkeit bedeutet also nicht primär eine Verlangsamung, ein lautloses Funktionieren oder eine Garantie auf permanente lächelnde Gelassenheit. Die Welt bleibt auch mit einer größeren Portion Achtsamkeit unsererseits die gleiche, aber wir sehen diese Welt nun mit anderen Augen. Es ist also wichtig zu erkennen, dass die Welt keine objektive Größe ist, sondern sehr stark davon abhängt, wie unser Geist funktioniert. Das ist tatsächlich trivialer, als es sich anhört. Im ungeschulten Zustand erkennen wir aber leider die Zusammenhänge nicht. In jeder Verfassung haben wir den Eindruck, dass wir alles ganz klar sehen.

### Achtsamkeit lüftet den Schleier vor unseren Augen

Neben dem Zustand unseres Geistes, der uns die Welt sehen lässt, ist es natürlich auch die Welt, die ohne Geistesschulung ungefiltert auf uns einwirkt. Die gegenseitige Abhängigkeit ist sehr verfilzt. Und der Handlungsbedarf für eine achtsame Geistesschulung so offensichtlich. Achtsamkeit möchte uns also nicht primär leiser machen oder abbremsen, sondern dabei helfen, die Schleier vor unseren Augen zu lüften. Und siehe da, es wird heller, wir sehen klarer, uns öffnet sich das Sichtfeld, weil wir in einem Zustand der inneren Geistesruhe die »Schwebepartikel« haben zu Boden sinken lassen. Dieser Vorgang ist dann nicht nur psychisch interessant, sondern erzeugt ebenfalls nachweisbar komplexe heilsame Zustände auf körperlicher Ebene. Besondere Beachtung findet hier die Stärkung des Immunsystems. Achtsamkeit macht und hält gesund. Sie reduziert das Schmerzempfinden, harmonisiert die Verdauung, lockert überspannte Muskelstränge, normalisiert Blutwerte und die Herztätigkeit. Mit so einer heilsamen inneren Verfassung erleben wir die Welt ganz anders.

# ACHTSAM

*durch den Alltag*

# Erste Schritte

Zunächst geht es darum, unsere unbewussten Gewohnheitsmuster zu erkennen. Wir beobachten, wie wir im Alltag eigentlich ticken. Was bringt uns auf die Palme?

Die bislang dargestellten Aspekte lassen sich so zusammenfassen, dass wir von unseren vielfältigen Abhängigkeiten von äußeren Reizen und inneren Verfassungen zu spürbar mehr Unabhängigkeit kommen. Die ersten Schritte sind immer Schritte des Erkennens. Zuerst sollten wir es für möglich erachten, dass wir uns wirklich wandeln können. Ohne eine hilfreiche »Vision« haben wir kein adäquates Ziel. Ohne Ziel macht keine Expedition einen Sinn. Es geht nicht darum, sich zu entdecken, sondern sich zu kreieren.

Verschiedene geisteswissenschaftliche Disziplinen, aber auch die Naturwissenschaften, wie die Neurowissenschaften, die Verhaltensbiologie und die Medizin, konnten belegen, dass wir als Menschen über ein enorm reiches Potenzial verfügen: unsere Veranlagungen. Diese liefern uns die Chance für alle denkbaren Entwicklungsmöglichkeiten des Geistes. Wir besitzen alle die Veranlagung für einen inneren Kampfhund, aber eben auch für Gelassenheit, Mitgefühl, Weisheit und Achtsamkeit. Wir können Achtsamkeit ei-

## Wovon hängt Ihre Stimmung ab?

Ist unser Umfeld für uns positiv, dann erleben wir uns positiv. Bewerten wir unsere Umgebung negativ, erfahren wir negative Empfindungen. Als ungeschulte
Menschen, also als Menschen ohne gezielte Geistesschulung, sind wir sehr stark
abhängig von äußeren Reizen. Die Skizze
auf der nächsten Seite verdeutlicht die
Problematik recht anschaulich.

Kennen Sie solche Situationen aus Ihrem
Leben? Ein äußerer Reiz, wie eine rote
Ampel, regt Sie auf? Sie haben es eilig
und sind ohnehin spät dran, da muss dieses verdammte Ding rot werden! Oder es
ist der Nachbar, der vor Ihrer Garage ge-
parkt hat, Ihr Lebenspartner, der das Auto
nicht wie verabredet in die Werkstatt ge-
bracht hat; Ihre Kinder, die ihre Sachen
überall rumliegen lassen; Ihr Chef, der
den Urlaub nicht genehmigt. Diese Liste
äußerer Umstände lässt sich beliebig ver-
längern.

gentlich nur in uns kultivieren, weil wir
die Veranlagung dafür besitzen. Diese
Chancen zu erkennen, bedeutet den ersten Schritt zu machen. Wir können uns
wirklich ändern!

Die nächsten Schritte bedeuten dann Be-
freiungsschritte: Weg von festen, unbewussten inneren Gewohnheitsmustern,
die uns in der Abhängigkeit halten. Es
geht also um Verknüpfungen, die wir in-
tuitiv oft als gegeben hinnehmen.

Ihr Blutdruck bedrohlich in die Höhe schnellt. Wir machen also das eigene Empfinden und damit sogar unsere Gesundheit abhängig von äußeren Situationen. Das ist äußerst gefährlich.

## Den Automatismus erkennen

Den Automatismus »äußerer Reiz ➔ negative Bewertung ➔ Ärger« überhaupt zu erkennen, ist der erste Schritt zu einer anderen – gesünderen und entspannteren – Umgangsweise. Durch dieses Gewahrwerden schaffen Sie sich eine Wahlmöglichkeit; Sie sind nicht mehr wie eine fremdbestimmte Marionette, sondern Sie entscheiden selbst, ob Sie sich jetzt aufregen wollen oder eben auch nicht.

Beachten Sie für die Umsetzung aber unbedingt, dass Sie Ihre Gelassenheit auf keinen Fall über den Weg des »Schluckens« zu erreichen versuchen. Das würde nur wieder das »innere Fass« überlaufen lassen. Falls Sie sich dafür entscheiden, gelassen zu bleiben, habe ich hier noch einige wunderbare Übungen, die Sie dabei unterstützen.

Wenn wir uns jedes Mal aufregen, schaden wir damit unserer Gesundheit, ohne dass sich die Dinge in der Außenwelt dadurch ändern. Die Ampel wird nicht schneller grün durch Ihren Ärger; doch Ihre Gesundheit leidet darunter, wenn

## Übung: Mund-Yoga

Setzen Sie sich bitte einmal aufrecht hin. Vielleicht schaffen Sie es, weiterzulesen und sich gleichzeitig auf Ihre innere Verfassung zu konzentrieren. Wie voll ist Ihr »inneres Fass« aktuell? Wie fühlen Sie sich? Spüren Sie in sich hinein. Und nun konzentrieren Sie sich bitte auf Ihr Gesicht. Als Nächstes ziehen Sie den linken Mundwinkel jetzt in Richtung Ihrer linken Augenbraue und dann Ihren rechten Mundwinkel zur rechten Augenbraue. Lächeln Sie!

Prüfen Sie nun, was das Mund-Yoga, also das Lächeln, mit Ihrem Geist anstellt.

Darum geht es. Wie reagiert Ihr Geist, wenn Sie Ihren Körper, jetzt Ihren Mund, bewusst heilsam ausrichten. Sie werden sich wundern. Genießen Sie das äußerliche und innerliche Lächeln so oft wie möglich; nicht nur im Auto vor roten Ampeln. Ziehen Sie im Verlauf des Tages immer mal wieder bewusst die Mundwinkel nach oben und erfreuen sich an den Effekten, die sich unweigerlich einstellen. Je bewusster Sie nachspüren, desto mehr heilsame Effekte werden Sie finden.

Es ist schon ein eigenartiges Phänomen, dass wir uns in unserer Kultur extra an das Lächeln und Freuen erinnern müssen, aber es ist eben, wie alles andere auch, erlernbar. Und zwar, wie immer, durch regelmäßige Wiederholungen.

Die sehr einfache Skizze links möchte Sie daran erinnern. Freuen Sie sich. Sie leben jetzt. Freuen Sie sich darüber. Die dunklen Seiten sind auch da, okay, aber nur zu oft vergessen wir deshalb die hellen Bereiche. Diese einfache Übung zeigt, wie sehr Körper und Geist verbunden sind. Im nächsten Abschnitt nutzen wir diese Verknüpfung, um zu erfahren, wie gestresst wir sind.

## Stressbarometer Schlüsselbeine

Das Schlüsselbein ist einer von vielen Schlüsseln zum Erkennen unserer Befindlichkeit. Die nachfolgende Skizze zeigt die beiden in gelb eingezeichneten Schlüsselbeinknochen. Sie sehen, dass sie nicht waagerecht, sondern angewinkelt sind.

Eigentlich liegen diese Knochen relativ waagerecht in einem entspannten Körper. Sind aber stressbedingt die Schulter- und Nackenmuskeln angespannt, so werden dadurch automatisch auch die Schlüsselbeinknochen hochgezogen. Der schnelle Blick in den Spiegel verrät uns also unsere Anspannungen. Die nächste Skizze lässt uns erahnen, wie es aussehen sollte.

Machen Sie, immer wenn Sie an einer spiegelnden Glasscheibe oder einem Spiegel vorbeikommen, den Schlüsselbein-Test. Sind die Schlüsselbeine waagerecht, also die Schultern unten? Prima, dann sind Sie entspannt. Wenn nicht, dann wissen Sie jetzt, dass es gut wäre, Spannung herauszunehmen. Versuchen Sie die waagerechte Position Ihrer Schlüsselbeinknochen auf keinen Fall zu erzwingen. Die Schultern sinken nur nach unten, wenn sich der gesamte Organismus entspannt. Legen Sie, wenn es möglich ist, eine kleine Entspannungspause ein oder schauen Sie die Skizzen als Gelassenheits-Symbol für eine Weile an. Wenn Sie Ihre Bauchatmung aktivieren können, hilft das Ihrem Organismus Spannungen zu lindern.

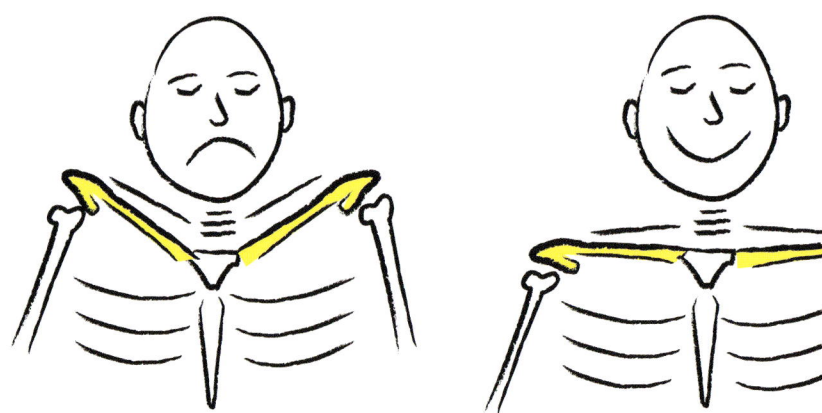

## Unendlich

Das Unendlichkeits-Symbol ist relativ leicht zu zeichnen. Es könnte uns regelmäßig daran erinnern, dass wir alle eher Mustern folgen, als bewusste Entscheidungen zu treffen. Und es zeigt uns, dass wir uns zwar bewegen und fortbewegen können, aber dass wir nur zu oft wieder an unserem Ausgangspunkt ankommen.

Vielleicht wollen Sie sich mit Pinsel und Farbe Ihr eigenes Erinnerungs-Symbol auf ein Blatt Papier malen und es so aufhängen, dass es Ihnen bei Stress als optischer Anker dienen kann, um wieder etwas herunterzufahren.

Das Unendlichkeits-Zeichen ist eine Variante des Kreis-Symbols. Auch wenn wir mal rechts und mal links abbiegen, heißt das noch lange nicht, dass wir einen frei gewählten Weg beschreiten. Mal rechtsherum, mal linksherum, und so wandern wir bis in die »Unendlichkeit« hinein in einer Schleifenformation.

## Jeder hat Gelassenheit in sich

Die nachfolgende Skizze möchte uns an die Gelassenheit und insbesondere an unsere Veranlagung zur Gelassenheit erinnern. Das können Sie sich selbst gar nicht oft genug bewusst machen. Schließlich erleben sich viele Menschen eher überkritisch oder gar defizitorientiert. Viele können lange Kritiklisten über sich machen, aber beim Eigenlob, das in unserer Kultur angeblich stinkt, fällt vielen Menschen nur wenig ein.

Wenn Sie bei irgendeinem Menschen eine positive Eigenschaft erkennen oder erahnen, dann müssen Sie einfach sicher sein, dass es nur eine allgemeine menschliche Veranlagung war, die wachsen durfte und sich nun so angenehm zeigt. Jeder verfügt über solche Veranlagungen. Auch Sie selbst!

Machen Sie sich das klar: »Ich bin ein Mensch und deshalb verfüge auch ich über alle menschlichen Veranlagungen! Ich verfüge über die Veranlagung zu Achtsamkeit und Gelassenheit!«

Das Symbol einer sitzenden meditativen Figur dient uns immer wieder zur Erinnerung an unsere eigenen Veranlagungen und Fähigkeiten zur Gelassenheit. Legen Sie sich diese Skizze an einen Platz, den Sie oft anschauen können, und lassen Sie das Symbol auf sich wirken.

Eine andere sehr heilsame menschliche Gemeinsamkeit ist unser inneres Wesen, das durch das Bild des inneren Edlen Kerns symbolisiert wird.

## Wie wir uns als Menschen sehen

In jeder Kultur gibt es verschiedene Menschenbilder. Hier sollen zwei sehr unterschiedliche transparent gemacht werden. In der folgenden Abbildung sehen Sie links das Symbol für die westlich-psychiatrische Sichtweise. Der Mensch links zeigt eine innere Struktur, die sich im Laufe des Erwachsenwerdens heranbildet. Die Struktur funktioniert wie ein inneres Gerüst. Jede Entwicklungsstörung schädigt diese innere Persönlichkeitsstruktur. Der Mensch ist hier als Ganzes betroffen. Er ist durch und durch verstört, wenn die Struktur beschädigt wurde. Die

Störungen müssen dann aufwändig behandelt werden.

Die rechte Figur symbolisiert das Menschsein als Träger eines Edlen Kerns. Dieser Kern funktioniert wie ein innerer Halt. Er ist in allen Menschen vorhanden, auch wenn die meisten seine Existenz nicht spüren. Wir können leiden und schwere Deformationen durch das Leben davontragen, aber dennoch bleibt unser Edler Kern unbeschadet. Er ist unsere innere Energiequelle und die Verbindung zu spirituellen Bereichen, also zu den Bereichen, die über unser begrenztes Ego hinausgehen.

## Der Edle Kern

Wenn wir den Zugang zu unserem Edlen Kern finden konnten, erfahren wir eine ungeahnte Stärkung und erhalten Zugang zu einer inneren Kraftquelle.

Diese Kraftquelle ist zwar sehr wirkungsvoll, aber sie ist nicht störungsunempfindlich. Die nachfolgende Abbildung symbolisiert, dass unser Edler Kern, der in den Kindertagen sehr schutzlos existiert, stark von äußeren Einflüssen manipuliert wird.

## Schutzschichten

Damit die aversiven äußeren Reize nicht ungefiltert unseren Edlen Kern erreichen, bilden wir unbewusst Schutzschichten. Diese stellen unsere inneren sich bildenden Ego-Strukturen dar. Unser Ego entsteht also ursprünglich als Hilfe. Sobald das kleine Kind das eigene Ich erkennt, ist es nicht mehr in gleicher Weise bedroht. Ich bin da. Ich spüre, ich denke, ich fühle, ich möchte. So können meine Eltern auch mal aus dem Zimmer gehen, aber ich bleibe erhalten. Ich lebe.

Das Ich-Empfinden ist für uns ein erster Schritt zu mehr Eigenständigkeit. Ego-Strukturen oder Ich-Fähigkeiten bilden sich, damit wir als neue Erdenbürger langsam unabhängiger werden können und insbesondere natürlich nicht mehr ungefiltert den ständig auftauchenden Ängsten ausgesetzt sind. So bilden wir alle unser Ego und unsere Strukturen. Unser Ego ist also unser Schutz.

Je stärker die äußeren Bedrohungen, desto stärker die Schutzmauer. Das bedeutet allerdings nicht, dass sich unsere Ich-Fähigkeiten gleichsam mit den einstürmenden Problemen stärken. Das funktioniert nur bis zu einem gewissen Grad. Wenn die Schutzmauer zu fest werden muss, wird unsere Ich-Struktur entweder rigide-fest oder brüchig. Denn wenn wir durch zu schmerzvolle äußere Einflüsse in dieser Entwicklung gestört werden, kann sich die schützende Ego-Struktur nicht adäquat ausbilden. Dann legen sich gewissermaßen zusätzlich zu unseren Ego-Schichten, diffuse unstrukturierte Knäuel um unseren Edlen Kern.

## Verborgenes Heil

Unser innerer Edler Kern hat also immer eine Schutzschicht, die wir erkennen und erfahren können. Die Skizze zeigt, dass wir die Schutzschichten nicht eliminieren müssen, um einen Zugang zu bekommen. Entscheidend ist aber, dass wir einen Zugang erhalten. Wenn das möglich wird, dann finden wir in uns eine bedeutsame Kraftquelle. Das ist ein enorm wirkungsvoller Schritt.

Viele Erzählungen handeln davon, dass jemand in die Ferne zieht, um nach seinem Glück zu suchen. Dann kommt er irgendwann zurück, nur um zu erkennen, dass sein Schatz die ganze Zeit an seiner Seite war.

Vielleicht mögen Sie sich darin ein wenig üben, bei sich selbst anzukommen. Lassen Sie wieder die inneren Schwebeteilchen sinken und kommen Sie immer mehr in den Sog, der Sie zu Ihrem inneren Edlen Kern lenkt.

Insbesondere für Liebesbeziehungen ist die Weisheit des Edlen Kerns eine besonders schöne Hilfe. Im anderen den guten Edlen Kern sehen zu können, ist eine wirkliche Heilung von Beziehungsstress.

## Übung: Kontakt zum inneren Edlen Kern aufnehmen

Setzen Sie sich bequem und aufrecht hin, gern in Meditationshaltung. Lassen Sie Ihre Schultern fallen und entspannen Sie Ihre Gesichtsmuskeln. Atmen Sie tief und ruhig in den Bauch und kommen Sie zur Ruhe. Nehmen Sie sich etwas Zeit. Erst wenn Sie innen ganz still werden konnten und diese Ruhe eine Weile Bestand hat, können Sie sich weiter loslassen, um sich zu Ihrem inneren Edlen Kern zu lenken. Erzwingen Sie keine Empfindungen oder Bilder. Haben Sie Geduld. Es benötigt Zeit.

Verbleiben Sie eine Weile in einer offenen, neugierigen Haltung und nehmen Sie einfach nur wahr, welche Bilder von Ihrem Edlen Kern aufsteigen. Entwickelt sich in Ihnen ein Bild Ihres Edlen Kerns? Haben Sie eine bestimmte Farbe vor Augen. Nehmen Sie einen Geruch wahr? Hat Ihr Edler Kern einen Geschmack oder macht er ein Geräusch? Und welche Gefühle löst er in Ihnen aus? Verbleiben Sie einfach eine Weile im Gewahrsein Ihres Edlen Kerns und schließen Sie diese Übung achtsam und in Ihrer Zeit ab.

Wenn Sie sich Ihrem inneren Edlen Kern nähern konnten, werden Sie bestimmt ganz eigene Erfahrungen mitnehmen. Häufig wird berichtet, dass der Kontakt Energie liefert. Dieses Thema ist immer von besonderer Bedeutung. Unser Energiehaushalt ist ein wichtiger Faktor, der über Erschöpfung, Wohlsein, Aktivität, Rückzug, Depression oder Gesundheit entscheidet. Wir sollten unsere Energiebilanz gut abwägen.

## Übung: Waage dich

Unser Energiehaushalt ist natürlich abhängig von Zufuhr und Verbrauch. Es gibt Personen und Aktivitäten, die uns guttun und unsere Batterien aufladen, und es gibt Menschen, Tätigkeiten und Situationen, die unsere Energie verbrauchen. Das ist bei jedem Menschen so. Die Frage ist nur, wie ausgeglichen der Energieverbrauch und das Nachtanken in Ihrem Alltag aussehen. Bewerten Sie Ihre Bilanz nicht zu kritisch. Sehen Sie es als erste Inspektion. Die nachfolgende Tabelle möchte diesen Prozess unterstützen.

# Wie sieht Ihre Energiebilanz aus?

Ihre Negativ-Waagschale:
Bei wem oder wobei verbrauchen
Sie Energie?

Ihre Positiv-Waagschale:
Bei wem oder wobei erhalten
Sie Energie?

Nehmen Sie sich etwas Zeit, um auf einem Blatt Papier oder in der Tabelle auf der vorigen Seite in der linken Spalte die Aspekte Ihres Lebens zu notieren, die Energie kosten. Schreiben Sie hier alle Tätigkeiten und Situationen auf, die anstrengend sind und viel Kraft kosten; auch menschliche Energieräuber gehören in diese Spalte. In die rechte Spalte kommen dagegen Ihre Ressourcen: Welche Aktivitäten, Situationen und Menschen versorgen Sie mit Energie und laden Ihre Batterien wieder auf?

Wie ausgewogen ist Ihre Energiebilanz? Hängt die Minus-Waagschale schwer herunter, weil sie voller Belastungen steckt und in der Plus-Waagschale zu wenige Ressourcen sind, um das aufzuwiegen?

Durch ein Herumrühren in der Minuswaagschale wird die Last nicht weniger. Eine clevere Alternative könnte darin bestehen, etwas mehr in die Pluswaagschale zu legen. Seien Sie dabei sehr vorsichtig. Es gibt viele vermeintlich positive Aktivitäten, die aber bei der Durchführung eine

Menge Energie verbrauchen. Es ist schön, wenn Sie ein aktives Leben führen und das als Energiequelle verstehen. Dennoch ist es wichtig, ein paar »Tankstellen« zu finden, die keinerlei Energie benötigen, sondern an denen Sie auftanken können. Lassen Sie sich dafür Zeit. Niemand kann das so aus dem Ärmel schütteln. Machen Sie sich einfach auf die Suche nach einer persönlichen »Tankstelle«.

## Mikropausen unterstützen die bewussten Momente

Das Waagschalensymbol kann auch genutzt werden für unsere Mikropausen, also die vielen kleinen Tagesunterbrechungen, in denen wir eine kurze Atempause einlegen und Bilanz ziehen: Wie viel Aktivität hat heute an meinem Energiepolster genagt (–) und wie viele Aktivitäten haben mir heute Energie geliefert (+)? Dazu können Sie auch wieder die Tabelle verwenden.

Die eigene Bilanzierung ist oft nicht leicht, weil wir nur zu oft unserem inneren Antreiber lauschen, der uns keine Ruhe gönnen mag. Oft hindert der schon erwähnte Tunnelblick (S. 24) uns daran, die Positivwaagschale zu füllen. Wir durchleben vielleicht positive Dinge, aber wir nehmen sie kaum noch wahr. Darum ist es so wichtig, immer wieder in den Körper und in die Gegenwart zu kommen; die vielen kleinen Übungen und Meditationen in den nächsten Kapiteln helfen Ihnen dabei.

# Wie Achtsamkeit auf unseren Körper wirkt

Genauso wie Sport unsere Muskeln stärkt, verändern wir mit Achtsamkeitsübungen – wie der Bauchatmung – unser Nervensystem. Gelassenheit lässt sich trainieren.

Achtsamkeit ist die universell heilsame Methode, um inneren und äußeren Frieden zu finden. Universell gültig ist, dass uns stets die Achtsamkeit heilsam zur Seite steht, egal bei welchem Problem.

Die Umsetzung folgt genau diesem Ansatz: Egal welches individuelle Problem Sie haben, wenn Sie es nicht mehr steuern können, drohen die Schwierigkeiten zu eskalieren. Achtsamkeit als universelle Hilfe muss also Hilflosigkeit mindern und demzufolge Selbststeuerung begünstigen. Achtsamkeit hilft der Selbststeuerung bzw. ist ein Phänomen, bei dem wir unsere Selbstwirksamkeit wieder erfahren. Und wenn wir unsere Selbststeuerung verbessern möchten, dann ist es unumgänglich, dass wir ein paar Informationen über unser Steuerungsorgan – unser Gehirn – erhalten. In unserem Zusammenhang am wichtigsten ist, dass unser Großhirn, das gern als Denkorgan bezeichnet wird, auf einer älteren Hirnstruktur liegt, dem vegetativen Nervensystem (VNS). Das VNS ist für uns deshalb von so großer Bedeutung, weil es unseren inneren Motor darstellt, der entscheidet, ob wir Energie haben oder nicht. Im Achtsamkeitstraining lernen wir die Selbststeuerung dieses inneren Motors kennen.

trum) verantwortlich und für die Ruhephasen der Parasympathikus (P wie Peace-Zentrum). Sind Anspannungen gefragt, ist der Sympathikus aktiv. Er sorgt dafür, dass Puls, Blutdruck und Blutwerte steigen, die Verdauung Pause macht und die Muskeln angespannt und versorgt werden. Das versetzt uns in die Lage zu kämpfen oder zu flüchten, egal ob es um einen Säbelzahntiger oder unseren Ehepartner geht.

Das VNS als innerer Motor besitzt eine so zentral wichtige Funktion für unseren inneren Energiehaushalt, aber auch für zahlreiche weitere enorm wichtige Prozesse, wie z.B. unser Immunsystem, dass wir unbedingt eine Steuerung für den Motor benötigen. Werden Sie also zum Steuermann Ihres inneren Motors! Konkret könnte das bedeuten, dass Sie lernen, den Motor selbst zu aktivieren und zu beruhigen, und zwar wann und wo Sie es wünschen. Auf den folgenden Seiten schauen wir uns den Motor mit dem aktivierenden Sympathikus und dem beruhigenden Parasympathikus genauer an.

## Unser vegetatives Nervensystem (VNS)

Das VNS hat eine grundlegende Funktion, nämlich unsere vegetativen Prozesse wie Herz-Kreislauf-System, Verdauung, Atmung etc. zu steuern. Damit ist dieses Nervenareal in uns zugleich so etwas wie ein innerer Motor und ein Steuerungssystem. Dieses Steuerungssystem basiert auf zwei Gegenspielern, einem, der für die Aktivierung zuständig ist, und einem, der für Beruhigung sorgt. Für die Aktivierung ist der Sympathikus (S wie Stress-Zen-

## Stress: Wenn der Sympathikus im Dauereinsatz ist

Leider kann der Sympathikus nicht unterscheiden, ob wir uns aufregen, weil uns ein wildes Tier oder unser Chef auflauert. Das heißt, in jeder für uns stressigen Situation, egal welche Ursache sie hat, wird der Körper in Alarmbereitschaft versetzt. Das Herz rast, der Kopf wird rot, Schweiß bricht aus. Das wäre vielleicht hilfreich, wenn wir wirklich kämpfen müssten. Im Kontakt mit dem Chef sind das aber nur hinderliche Selbstläufer.

Darüber hinaus sind kurzfristige Stress-Symptome in der Regel nicht das Problem. Leider vergehen solche Symptome nicht so schnell, wie sie gekommen sind. Im Gegenteil, häufig besteht unser Tag aus vielen solchen Stress-Situationen. Und in der Zwischenzeit machen wir uns noch selbst Stress, indem wir die schwierigen Situationen immer wieder gedanklich durchspielen. Unser Ego beißt sich darin nur zu gern fest. Die Folge: Der Körper befindet sich in Daueranspannung, was sich dann durch zahlreiche vegetative Störungen ausdrückt: Nacken-, Rücken- oder Kopfschmerzen, Bluthochdruck, Unruhe, Verdauungsprobleme, Schlafstörungen, Immunschwäche, häufige Infekte etc.

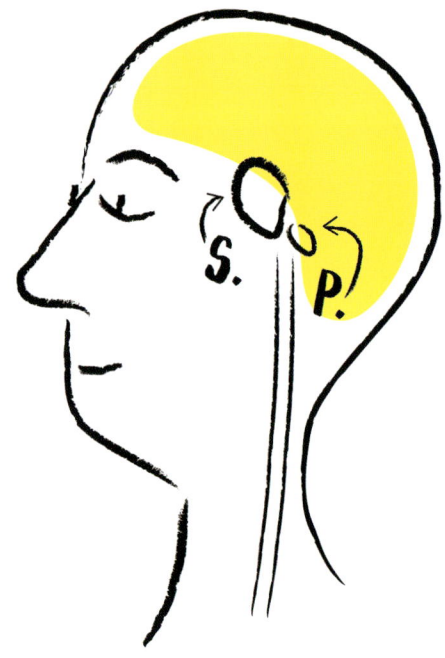

Höchste Zeit, dass der Gegenspieler, der Parasympathikus, zum Zuge kommt. Wenn wir lernen, den Parasympathikus eigenständig zu aktivieren, haben wir den Schlüssel zur inneren Ruhe in der Hand. Die Größe und innere Struktur der beiden Areale, Sympathikus und Parasympathikus, entscheidet über deren Wechselwirkung. Welcher von beiden kann sich durchsetzen? Ganz einfach: der Größere.

Und wer von beiden der Größere wird, entscheidet wiederum die Häufigkeit und Intensität der Aktivierung des jeweiligen Bereichs. Ein einfacher, aber enorm bedeutsamer Funktionsmechanismus, der analog zu anderen Lernprozessen zu verstehen ist. Was wir wiederholen, wird gestärkt. Und Lernen geschieht, wenn es nachhaltig ist, immer auch auf der Ebene unserer Nervenzellen.

## Nervenkörper

Stellen Sie sich einmal vor, Sie sähen Ihren Parasympathikus durch ein Mikroskop. Dann würden Sie, wie in den folgenden Skizzen, eine kleine Ansammlung von Nervenzellen sehen können. Schauen Sie sich eine einzelne Nervenzelle genau an. Sie ist sehr simpel aufgebaut. Ein kleiner Zellkörper mit kleinen Auswüchsen an der einen und einem langen Auswuchs an der anderen Seite. So lassen sie sich recht einfach zeichnen.

Sie können bestimmte Nervenzellen selbst aktivieren, indem Sie die dazugehörigen Strukturen stimulieren. So könnten Sie Ihre Motorik-Nervenzellen auf der linken Hirnhälfte aktivieren und zum Wachsen bringen, indem Sie die Finger Ihrer rechten Hand trainieren.

Im VNS befindet sich das Atemzentrum. Deshalb können wir mit einer gezielten Atmung sowohl den Sympathikus als auch den Parasympathikus aktivieren. Eine aktive Vertikal-Atmung oder Stressatmung (S. 66) stimuliert den Sympathikus, eine entspanntere Bauchatmung (S. 67) aktiviert den Parasympathikus. Wenn Sie zum Beispiel mit der Bauchatmung beginnen, dann werden einige Nervenzellen, die miteinander verbunden sind, im Parasympathikus energetisiert. In der nachfolgenden Skizze sehen Sie diese Nervenzellen, sie sind mit einem Energieblitz gekennzeichnet. Hier finden messbare elektrochemische Aktivitäten statt.

## vorher

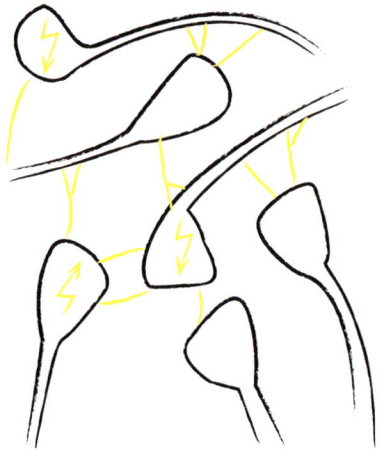

## nachher

## Den Parasympathikus stärken

Wenn wir nun in den nächsten Tagen regelmäßig die Bauchatmung trainieren, dann werden sich die Nervenverbindungen verändern. Die Nerven lernen und wachsen und wir erfahren den Lerneffekt. Das regelmäßige Training führt unweigerlich dazu, dass sich die Nervenverbindungen stärker entwickeln und intensiver verdrahten. Der Parasympathikus als innerer Ruhepol wächst und wird dadurch stärker und für uns hilfreicher.

### Kurze Trainingszeiten reichen

Das Training sollte bekömmlich sein, also nicht zu zeitraubend. Wenn Sie täglich zweimal für fünf Minuten oder etwas länger üben, dann ist das bereits schon ein gutes und effektives Pensum. Dazu sollten Sie aber noch die sogenannten Mikropausen machen, bei denen Sie ungefähr stündlich die Bauchatmung (S. 67) für nur ein oder zwei Atemzüge, eben Mikroeinheiten, durchführen.

Wenn Sie diese kleinen Übungen realisieren, dann werden Sie bereits nach zwei Wochen erste Veränderungen spüren und nach spätestens sechs Wochen deutlich spürbare Veränderungen in sich erfahren. Die nachfolgende Skizze zeigt an, was in Ihrem Parasympathikus geschehen ist.

Wenn Sie die erste Nervenzell-Skizze mit der zweiten vergleichen, dann können Sie den Trainings- oder Lerneffekt, der sich tatsächlich in unseren Köpfen, auch in unserer neurologischen Struktur bildet, mit eigenen Augen sehen und erkennen.

Das regelmäßige Üben führt also nicht nur zu einer angenehmen Erfahrung während des Übens, sondern verändert in uns unsere Struktur nachhaltig. Wir ändern uns also, wenn wir das wirklich möchten, auch fundamental.

Wir können uns in jedem Alter strukturell und daher fundamental ändern!

## Ein starkes Ruhezentrum macht Sie gelassener

Durch regelmäßige Bauchatmungsübungen wird Ihr inneres Ruhezentrum so gestärkt, dass es bei Stress besser gegensteuern kann bzw. der Sympathikus gar nicht erst voll hochgefahren wird. Um noch mal auf das Beispiel mit der Unterredung beim Chef zurückzukommen: Wenn Sie in solcher Situation in der Lage sind, einige tiefe, ruhige Atemzüge in den Bauch zu tun, passiert Folgendes: Ihr vegetatives Nervensystem – dem nichts verborgen bleibt – registriert, dass Sie tief und ruhig atmen. Das bedeutet, es ist alles in Ordnung; es besteht keine Gefahr. Der Sympathikus hat keine Veranlassung, aktiv zu werden. Es entstehen keine körperlichen Stress-Symptome. Sie treten Ihrem Chef viel gelassener gegenüber.

### Die Gelassenheits-Formel
Steht der stresstrainierte Sympathikus (**Sy**) sehr mächtig einem noch untrainierten, kleinen Parasympathikus (p) gegenüber, ist Stress (**S**) die Folge.

$$Sy + p = S$$

Das Training von Bauchatmung oder anderer bewusster Ruhemethoden führt nach und nach zu einer Stärkung des Parasympathikus (P). Das zeigt uns die nachfolgende Kurz-Formel. Hier sind das Streßzentrum (S) und das Ruhezentrum (P) gleich groß

$$S + P = ok$$

Findet das Stresszentrum, der Sympathikus (S), in uns einen ausreichend stabilen Ruhepol, den Parasympathikus (P), dann findet ein Ausgleich (ok) statt. Schließlich ist es nicht realistisch, den Stress zu eliminieren. Er soll seinen Platz finden. Aber er soll nicht der Alleinherrscher bleiben. Sind beide Strukturen (S+P) im vegetativen Nervensystem kontrollierbar und ausgewogen, können sie uns zukünftig als Puffer dienen. Schließlich sind sie die erste Schaltzentrale für Außenreize.

Ein sehr sichtbares Zeichen dafür, dass ein Mensch gestresst ist und damit eine Sympathikuserregung vorliegt, ist die Art, wie er atmet.

## Warum die Atmung das A und O ist

Wenn wir einatmen, dann atmen wir ca. 80% Stickstoff (N) und ca. 20% Sauerstoff ($O_2$) ein. N wird nicht verstoffwechselt, es wird einfach ein- und wieder ausgeatmet.

Der Sauerstoff ($O_2$) wird in den Lungen aufgenommen und von dort mithilfe der roten Blutkörperchen in den gesamten Organismus, in jede Zelle transportiert und dort verstoffwechselt. Dadurch verwandelt sich Sauerstoff in Kohlendioxid ($CO_2$). $CO_2$ sollte dann unbedingt ausgeatmet werden, denn $CO_2$ verdrängt den Sauerstoff und hat in unserem Organismus zahlreiche negative Auswirkungen. Kohlendioxid führt zu Übersäuerung, schwächt das Immunsystem, führt zur Trägheit, Müdigkeit und Antriebsmangel, reduziert die Konzentrationsfähigkeit und trübt unseren Geist ein.

Wenn Sie tagsüber müde werden, ist sehr oft dieser zu hohe $CO_2$-Pegel verantwortlich. Eine bewusste Atmung ist eine deutlich bessere und gesundheitsverträgliche Gegenmaßnahme als große Mengen Kaffee.

## Wir atmen unvollständig aus

Zur Verdeutlichung der eben beschriebenen Thematik können Sie einen kleinen Selbsttest machen:

- Atmen Sie jetzt ein und zählen Sie still: 1, 2, 3, 4.
- Atmen Sie jetzt aus und zählen Sie still: 1, 2, 3, 4.
- Atmen Sie jetzt ein und zählen Sie still: 1, 2, 3, 4.
- Atmen Sie jetzt aus und zählen Sie still: 1, 2, 3, 4, ... atmen Sie jetzt noch weiter aus 5, 6, 7, 8.

Dieser kleine Test zeigt Ihnen, dass Sie nie vollständig ausatmen. Und wenn Sie im Stress sind, dann wird die Atmung noch flacher. Noch mehr $CO_2$ verbleibt in Ihnen und macht Sie »an Leib und Seele« krank.

Versuchen Sie in Ihrem Alltag so oft Sie daran denken, möglichst sanft und vollständig auszuatmen. Sie müssen nicht kräftig einatmen, sondern eben komplett ausatmen. Das erhöht Ihren Sauerstoffpegel und führt zu zahlreichen heilsamen Veränderungen in Ihnen. Neben der Atmung gibt es einen weiteren oft vernachlässigten, wichtigen Gesundheitsfaktor: den Schlaf.

## Wie erholsam ist Ihr Schlaf?

Wenn unsere Nachtruhe gestört ist, entstehen daraus unweigerlich zahlreiche
Folgeprobleme, wie zum Beispiel Kon-
zentrationsmangel, Unruhe und Nervosi-
tät, aber auch Ängste und Depressionen.
Vielen Menschen ist nicht bewusst, wie
wichtig ihre Schlafqualität und damit ihre
Regenerationszeit ist. Da sich auch der
Tagesablauf maßgeblich auf den Nachtschlaf auswirkt, schauen wir uns anhand
der nachfolgenden Skizze einmal ein
24-Stunden-Profil an.

Gehen wir die Skizze Punkt für Punkt
bzw. Buchstabe für Buchstabe, von A bis
M, gemeinsam durch.
- A fragt uns danach, wie wir unseren Tag
  beginnen: mit heilsamen Übungen als
  sanfte Tageseinleitung oder mit Zeitdruck und Hektik?
- B und C fragen uns nach den Pausen im
  Tagesverlauf. Den echten Pausen und
  nicht nur dem Verschlingen der Mahl-
  zeiten, während wir gedanklich schon
  fünf Schritte weiter sind.
- D fragt uns nach unserem Tätigkeitsab-
  schluss. Können Sie wirklich die Arbeit

abschließen oder schleppen Sie diese gedanklich weiter?

- E fragt nach unserem Abendprogramm. Wie sehr möchten wir im Stressprogramm bleiben. Freizeit-Stress wird oft als stimulierend erlebt. Und wir bemerken gar nicht, dass es nur unseren Sympathikus trainiert, aber unser Ruhezentrum, der Parasympathikus, gar keine Kräftigung erfährt.
- F fragt uns, welcher Abendhygiene wir nachgehen. Damit ist nicht das Zähneputzen gemeint, sondern wie wir den Tag abschließen. Mit Mord und Totschlag im TV, mit kritischen Diskussionen etc. oder aber mit heilsamen beruhigenden Dingen?
- G zeigt uns hier schon die ersten Einschlafstörungen.
- H zeigt uns den Tiefschlaf.

Den Tiefschlaf gibt es nur einmal pro Nacht, für ca. 10–20 Minuten, danach beginnen (I) die Traumphasen. Wenn wir träumen, werden wir fast wach, so aktiv ist unser Gehirn. Und tatsächlich werden wir alle pro Nacht viele Male wach: Das stammt aus unserer Steinzeitphase, als wir es uns nicht leisten konnten, für viele Stunden die Augen zu schließen. So werden wir auch heute jede Nacht wach und kontrollieren zutiefst unbewusst, ob irgendwelche wilden Tiere in unser Schlafzimmer eingedrungen sind. Das wird wohl kaum der Fall sein. Aber bei der kurzen Orientierung bemerken wir entweder die volle Blase oder die anstehenden Probleme. So wird aus einer kurzen Kontroll-Wachheit dann oft eine Durchschlafstörung. Wenn wir allerdings gleich wieder einschlafen, wissen wir am nächsten Morgen nicht mehr, dass wir überhaupt wach waren.

Auf der nächsten Seite finden Sie eine Art von Checkliste, um diese Punkte für sich persönlich zu reflektieren.

# Ihre Schlaf-Checkliste

### Wie beginnen Sie den Tag?

☐ Meistens stehe ich morgens schon unter Zeitdruck. Es geht oft hektisch zu.

☐ Ich achte auf eine sanfte Tageseinleitung und mache morgens einige Übungen.

### Wie sehen Ihre Pausen im Tagesverlauf aus?

☐ Pausen mache ich nur ungern. Mittags esse ich schnell, bespreche mich dabei mit den Kollegen oder checke mein Smartphone.

☐ Ich mache regelmäßig kleine Pausen, in denen ich mich bewege oder bewusst entspanne. Mittags mache ich einen Spaziergang. Ich esse möglichst in Ruhe.

### Wie verlassen Sie die Arbeit?

☐ Die Arbeit ist nie abgeschlossen, ich nehme die ungelösten Probleme gedanklich und oft auch in Form von Unterlagen mit nach Hause.

☐ Wenn ich die Arbeitsstelle verlasse bzw. meine Tätigkeit beende, schließe ich für heute damit ab. Es reicht, wenn ich mich morgen wieder den anstehenden Problemen zuwende.

### Wie sieht Ihr Abendprogramm aus?

☐ Das ist genauso durchgeplant wie mein Arbeitstag und kostet auch viel Energie.

☐ Den Feierabend nutze ich wirklich zur Erholung und tue nur das, was mir in dem Moment gut tut.

### Wie verbringen Sie die Zeit kurz vorm Schlafengehen?

☐ Ich sehe fern, meist Krimis, Nachrichten oder Streit-Diskussionen.

☐ Ich habe feste Rituale, um vorm Insbettgehen zur Ruhe zu kommen; Fernsehen und alles Anregende sind dann tabu.

### Wie schnell schlafen Sie ein?

☐ Meist kommt mir eine ungelöste Problematik in den Sinn, die mich dann hartnäckig beschäftigt. Ich wälze mich lange hin und her.

☐ Ich schlafe schnell ein.

### Wie sieht der nächtliche Schlaf aus?

☐ Ich schlafe unruhig, wache oft auf und kann dann nicht wieder einschlafen, weil mir sofort wieder Probleme im Kopf herumgehen.

☐ Meist wache ich nachts nur kurz auf oder ich wache erst am nächsten Morgen auf, wenn der Wecker klingelt.

### Fazit

Je öfter Sie Antworten auf der linken Seite angekreuzt haben, desto wahrscheinlicher sind Schlafstörungen. Prüfen Sie bei jedem Punkt, was Sie ändern könnten, um auf die rechte Seite zu gelangen, und setzen es Schritt für Schritt um.

Je mehr Kreuze auf der rechten Seite sind, desto erholsamer ist Ihr Nachtschlaf.

## Selbststeuerung durch Atmung

Sind Sie müde, obwohl Sie gerade in einem Meeting sitzen? Dann aktivieren Sie Ihren Sympathikus durch gezielte (unauffällige) Brustatmung (S. 66). Oder sind Sie gestresst und wollen zur Ruhe kommen? Dann hilft Ihnen die Bauchatmung (S. 67), den Parasympathikus – Ihr Ruhezentrum – zu aktivieren.

Viele Menschen wünschen sich einen Schalter, mit dem sie sich steuern können.

»Wenn ich nur einen Schalter hätte ...« Die Atmung ist aber genau der effektive, eigene innere Schalter, mit dessen Hilfe wir uns selbst sehr gut steuern lernen können. Es entwickelt sich in uns einerseits eine Pufferzone, da das Aktivierungs- und das Ruhezentrum sich ausgleichen. Andererseits können wir beide Bereiche nun bewusst ansteuern. Wir werden also deutlich unabhängiger von Außenreizen. Die positiven und heilsamen Effekte, die davon ausgehen, sind in ihrer Bedeutung gar nicht hoch genug zu bewerten.

# Das kleine Einmaleins des Meditierens

Eine aufrechte, doch entspannte Körperhaltung und eine bewusste Atmung sind die Rahmenbedingungen für die Meditation und stellen für uns den idealen Einstieg dar.

Meditation ist eine sehr alte Methode des Geistestrainings. Die Neurowissenschaften konnten belegen, dass Meditation überhaupt gar nichts mit Entspannung oder gar Schlaf zu tun hat. Meditation ist ein aktiver geistiger Prozess, der es durch Lernen ermöglicht, auf unseren Geist Einfluss zu nehmen.

Um die Umsetzung zu ermöglichen und zu erleichtern, benötigen wir nur ein paar kleine Starthilfen. Auch erfahrene Meditierende können profitieren, wenn sie immer mal wieder innerlich bei null anfangen. Der erste entscheidende Schritt besteht darin, dass wir das Einnehmen der Meditationshaltung schon als Teil der Meditation verstehen.

Zum Meditieren nehmen wir aus gutem Grund bestimmte Körperhaltungen ein. Denn jede Körperhaltung vermag in uns eine bestimmte Geisteshaltung zu erzeugen. Das ist ein sehr zentraler Grundsatz:

## Körperhaltung ⟷ Geisteshaltung

## Die Meditationshaltung

In der Meditation möchten wir uns mit unserem Geist vertraut machen. Zudem möchten wir aber auch auf eine sanfte und harmonische Weise Einfluss nehmen. Deshalb lernen und erfahren wir, dass eine aufrechte Körperhaltung auch eine aufrechte Geisteshaltung erzeugen kann.

**Dabei sind ein paar Kriterien zu beachten:**

- Eine gerade, aufrechte Rücken- und Kopfhaltung muss oft erst sanft erlernt werden. Ihre Rückenmuskeln müssen sich erst daran gewöhnen.
- Die Arme und Hände sind entspannt abgelegt, sodass keine Zugkraft auf die Schultern wirkt.
- Die Gesichtsmuskeln sind entspannt, vielleicht sogar etwas freundlich.
- Idealer Weise berühren beide Knie den Boden. Generell sollten die Knie tiefer liegen als die Hüfte. Die Höhe des Sitzkissens ist hier mitentscheidend.

Diese fast magische Verbindung können wir für uns nutzbar machen. Sie müssen nur für eine Weile mal die Schultern und den Kopf hängen lassen, um zu realisieren, wie schnell der Geist dazu passende, »hängende« Gedanken produziert. Den gegenteiligen Effekt machen wir uns zunutze, indem wir auf eine möglichst aufrechte Haltung achten.

Eine klare, aufrechte Körperhaltung begünstigt eine klare, aufrechte Geisteshaltung. Üben Sie aufrechte Körperhaltungen sanft. Achten Sie auf Körpersignale und bleiben Sie flexibel.

Wenn Ihre Knie aber dennoch nicht den Boden berühren können, sollten Sie eine zusätzlich Unterlage, z.B. zwei Kissen, für Ihre Beine finden, sodass in jedem Fall die Beine und Knie abgestützt sind.

Beine sind nun mal recht schwer. Sie müssen gut abgelegt werden, sonst machen sie sich schmerzhaft bemerkbar.

Natürlich können Sie die Meditation auch auf einem Stuhl erlernen. Da sich die Körperhaltung aber auf die Geisteshaltung auswirkt, wird es zu anderen Ergebnissen führen. Dennoch beginnen Sie bitte genauso, wie es für Sie passt. Ehrgeiz und Leistungsdenken wirken sich spürbar hinderlich aus.

Aber auch wenn wir es uns zu bequem machen, z. B. indem wir nur im Liegen meditieren lernen möchten, werden sich schnell Probleme zeigen. Tatsächlich ist die liegende Position die schwierigste Meditationshaltung, da unser Geist diese Körperlage sofort mit Schlafen assoziiert.

Es gibt gute Gründe für die klassische aufrechte Sitzhaltung am Boden, die insbesondere auf Erfahrungswerten beruhen. Es gibt zum Beispiel günstige geistige Resonanzen mit dieser Sitzposition und wir müssen auch nur geringe geistige Energie aufwenden, um das Gleichgewicht zu halten.

Das sieht auf einem Stuhl ganz anders aus. Setzen Sie sich einmal gerade aufrecht auf einen Stuhl und schließen Sie die Augen. Prüfen Sie genau, wie sich das anfühlt. Dann setzen Sie sich auf ein Sitzkissen auf den Boden, schließen die Augen und spüren nun den Unterschied. Sie werden sich wundern.

## Das meditative Sitzen

Die nachfolgenden beiden Skizzen sollen noch einmal das Grundprinzip des meditativen Sitzens verdeutlichen. Lassen Sie sich nicht zu sehr hängen. Das könnte natürlich nicht nur eine Meditationsanregung, sondern sogar eine Lebensanregung darstellen. Versuchen Sie sich also nicht zu sehr zu entspannen, auch Meditation benötigt eine gewisse Spannung.

Eine der ältesten Lebensregeln, die sich auch in den über 2500 Jahre alten buddhistischen Texten befindet, lautet: »Spannst du die Saite zu fest, zerreißt sie, spannst du sie zu schwach, dann kannst du keinen Ton erzeugen.«

Die linke Figur zeigt uns die zu schwach gespannte »Saite«. Es sind Geistes- und Muskelsaiten, die wir nicht genug aktivieren. Wenn wir so dasitzen, wird sich bereits nach relativ kurzer Zeit der Körper schmerzhaft melden und unser Geist trübt sich träge-depressiv ein.

Die rechte Figur verdeutlicht uns das günstigere Prinzip des Sitzens. Wie bereits schon erwähnt, sollten die Knie unbedingt tiefer als die Hüfte liegen, am besten sogar auf dem Boden abgelegt werden.

Diese Haltungen gehören nicht in die Kategorien »kann ich« oder »kann ich nicht«, sondern beziehen sich auf einen simplen Lernvorgang, an den wir unseren Körper und auch unseren Geist mit Geduld nach und nach gewöhnen können. Mit Haltungsübungen können Sie sich an die aufrechte Haltung spürend herantasten.

## Übung: In eine aufrechte Haltung finden

Setzen Sie sich aufrecht auf eine stabile Unterlage, legen Sie Arme und Hände ab und lassen Sie die Schultern fallen, entspannen Sie die Gesichtsmuskeln, atmen Sie bewusst und kommen Sie etwas zur Ruhe.

Wenden Sie nun Ihre Aufmerksamkeit Ihrer Wirbelsäule zu. Experimentieren Sie mit verschiedenen Positionen rund um eine aufrechte Haltung. Wie fühlt sich eine leichte Überstreckung, umgangssprachlich ein Hohlkreuz, an? Können Sie den unteren Rückenbereich im Gegenzug leicht wölben? Machen Sie sich mit Ihrer Wirbelsäule und den Haltungsmöglichkeiten in den verschiedenen Abschnitten vertraut, sodass Sie langsam ein besseres Körpergefühl entwickeln. Ziel ist, deutlich zu spüren, wann wir wirklich aufrecht und gerade sitzen oder stehen. Sie können auch mit einer Hand, die Sie auf den unteren Rückenabschnitt legen, Ihre Haltung überprüfen.

Nehmen Sie anschließend Kontakt zu Ihren Schultern auf und erforschen Sie ihre unterschiedlichen Bewegungs- und Haltungsmöglichkeiten. Das Ziel ist, die Schultern entspannt und gerade zu halten. Die Position des Kopfes ist ebenfalls von erheblicher Bedeutung. Sitzt er gerade und aufrecht, müssen wir kaum Haltearbeit leisten. Da Körper und Geist eng verknüpft sind, wirkt sich eine freie, leichte Kopfhaltung auch auf den Geist aus. Mit hängendem Kopf zu meditieren, führt dagegen nicht nur zu Nackenschmerzen, sondern auch zu depressiven Gefühlen und Gedanken.

Wenn Sie Rücken, Schultern und Kopf auf diese Weise aufrecht justiert haben, bleiben Sie noch eine Weile in dieser aufrechten Haltung, bevor Sie die Übung beenden.

## Vorbereitungen

Wenn Sie sich körperlich sehr unruhig fühlen, ist das nicht immer der beste Moment für eine stille Sitzmeditation. Körperliche Anspannung kann sich lösen, wenn Sie einen Spaziergang an der frischen Luft machen oder sich sonst wie bewegen. Es ist sehr ratsam, solche Körpersignale wahr- und ernst zu nehmen.

Vielleicht haben Sie schon einmal die Erfahrung gemacht, dass die Meditation sich nach Yoga-Übungen anders anfühlt. Wenn Sie das als angenehm erfahren haben, dann nutzen Sie vor der stillen Sitz-Meditation ein paar Körperübungen. Günstiger sind hier eher Halteübungen als dynamische Bewegungsübungen. Sie können sich z. B. gerade hinsetzen und beide Arme nach oben strecken. Spreizen Sie kräftig Ihre Finger und bringen Sie Ihre Schultern nach unten. Vergessen Sie dabei auf keinen Fall die bewusste Atmung.

## Wie oft und wie lange?

Es hat sich als ratsam erwiesen, für die Meditation eine gewisse Zeitspanne vorher festzulegen. Dann müssen Sie während der Meditation nicht mehr überlegen, ob Sie jetzt aufhören oder doch noch etwas weitermachen. Generell handelt es sich nicht um eine Wettkampfform. Wer kann am längsten, am tiefsten oder am besten meditieren? Eine kurze Meditation, die Sie als angenehm erleben, ist generell hilfreicher als eine lange und als mühselig erlebte. Aber selbst die unangenehme Meditation erfüllt ihren Zweck, denn sie zeigt uns unsere geistige und körperliche Situation, wie sie gegenwärtig eben ist.

Beginnen Sie gern mit einer Fünf-Minuten-Meditation zu einer für Sie passenden Tageszeit. Nutzen Sie einen Wecker, sodass Sie selbst nicht die Zeit einschätzen müssen. Wenn es für Sie so angenehm ist, dehnen Sie die Zeit des stillen Sitzens langsam aus. 20 Minuten sind eine schon recht effektive Meditationszeit.

Anmerkung: Wenn wir uns einer Tätigkeit zuwenden, ist dafür immer ein bestimmter Persönlichkeitsanteil aktiviert. Vielleicht achten Sie darauf, welcher sich bei Ihnen aktivieren möchte, wenn Sie Ihre Meditation beginnen. Der innere Perfektionist, der innere Antreiber oder der innere Leistungsmensch wäre dafür wirklich nicht so geeignet.

Wenn Sie eine Weile die Meditation durchführen konnten, werden Sie feststellen, wie unterschiedlich jede einzelne sein kann. Versuchen Sie es nicht zu sehr zu bewerten. Alles, was wir wiederholen, kann sich festigen. Deshalb kann sich auch die Meditation nach und nach festigen. Sie wird dann zu einem Bedürfnis und erleichtert uns die Durchführung. Es wird leichter.

## Brust- und Bauchatmung

Die gezielte Atmung ist für uns, nach der aufrechten Körperhaltung, die ideale Vertiefungsstrategie für die Meditation. Es gibt viele verschiedene Atemvarianten, von denen wir nun zwei sehr wesentliche in der nächsten Skizze dargestellt finden. Links sehen Sie die sogenannte Brust- oder Stressatmung. Die Atmung erfolgt gewissermaßen auffällig vertikal – von oben nach unten. Sie ist eher flach und auf den unteren Hals und den oberen Brustbereich beschränkt. Diese Atemvariante stimuliert den Sympathikus, also unser Stress- oder Aktivierungszentrum im vegetativen Nervensystem. Sie können die

Brustatmung nutzen, um sich auf der Bewusstseins-Leiter nach oben zu bewegen, wenn Sie zu müde oder schläfrig sind.

Sind Sie eher aufgeregt und wollen in einen konzentrativen Zustand kommen, hilft uns die Bauchatmung, wie auf der rechten Seite zu sehen. Natürlich strömt auch dabei die Luft durch den Hals in den Brustraum ein; doch an der Atembewegung ist nun auch der Bauch beteiligt, der sich vor und zurück bewegt. Beim Einatmen wölbt sich der Bauch nach außen, beim Ausatmen fällt der Bauch ein. Auf diese Weise atmen wir viel langsamer und tiefer ein und aus. Auch das ist nur eine kleine Übungssache.

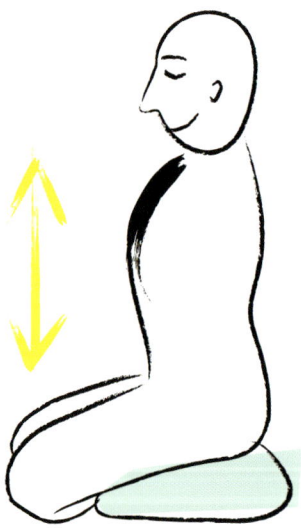

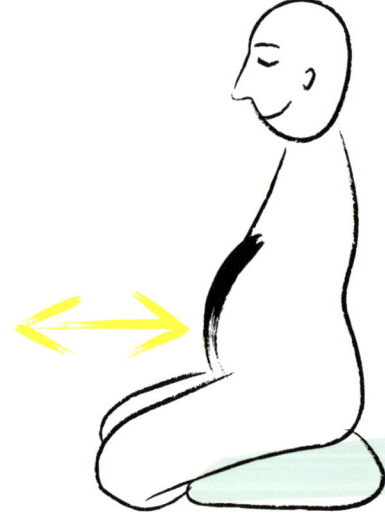

## Übung: Bauchatmung

Um die Bauchatmung bewusst einsetzen zu können, bedarf es einer kleinen Übung. Üben Sie am besten mehrmals am Tag; jeweils wenige Minuten reichen aus. Setzen Sie sich aufrecht auf einen Stuhl und lassen Sie Ihre Schultern entspannt sinken. Auch Ihre Gesichtsmuskeln sollten locker und entspannt sein. Legen Sie eine Hand oder beide Hände auf Ihren Bauch, um die Bewegung der Bauchdecke besser zu spüren. Wenn Sie mögen, könnten Sie mit dem Ausatmen sanft mit der Hand auf den Bauch drücken, während die Luft entweicht und der Bauch etwas einfällt. Entspannen Sie dann den Bauch, während die Luft beim Einatmen einströmt. Der Bauch wölbt sich nach außen, was Sie mit der locker aufliegenden Hand gut spüren.

Machen Sie es sich zur Angewohnheit, die Bauchatmung immer einige Atemzüge lang durchzuführen, wenn Sie sich irgendwohin setzen. Nehmen Sie Platz, richten

Sie sich auf und atmen Sie einige Male tief und ruhig in Ihren Bauch hinein. Auf diese Weise üben Sie diese wichtige Atemtechnik »automatisch« mehrfach am Tag und sie steht Ihnen als beruhigende Selbststeuerungsmethode jederzeit zur Verfügung.

Zudem ist die Wahrnehmung der aktuellen Atmung immer ein guter Indikator für den jeweiligen Zustand. Prüfen Sie Ihre aktuelle Atmung: Wenn die nicht tiefer in den Körper einfließen kann, sind Sie wahrscheinlich angespannt. Die Atmung ist wie ein Anzeigegerät. Schauen Sie da gern öfters mal drauf.

Wir wollen uns noch einmal etwas genauer mit dem Ausatmen beschäftigen. Die besondere Bedeutung wurde schon dargestellt. Zur Erinnerung: Beim Ausatmen atmen wir Kohlendioxid aus. Dieses Gas sollten wir nicht unnötig in uns speichern. Deshalb ist ein möglichst entspanntes, aber vollständiges Ausatmen so wichtig.

## Die Ausatmung unterstützen

Die nachfolgende Skizze möchte uns zeigen, wie wir die Atemübungen noch intensivieren können. Das bewusste Atmen ist eine ideale Meditationstechnik, die uns dabei sehr behilflich sein kann, den Meditationsprozess zu vertiefen. Die linke Figur in der Skizze zeigt uns wieder die normale Bauchatmung.

Die rechte Figur verdeutlicht uns den Ausatemprozess während der Bauchatmung; also langsam und gleichmäßig durch die Nase ausatmen. So lange, bis der Atem auf natürliche Weise zum Erliegen kommt. Dabei fällt der Bauch immer weiter ein. Wenn

dieser Vorgang zu einem Ende findet, führen wir ihn bewusst noch etwas weiter, indem wir den Bauch sanft weiter einfallen lassen. Stellen Sie sich vor, wie dabei der Bauchnabel weiter in Richtung Wirbelsäule gezogen wird. Aber das soll nicht forciert werden. Generell sollte der Atem so sanft fließen, als würden wir einem kleinen Kind über den Kopf streichen.

Kaum eine andere Technik unterstützt den Meditationsprozess so sehr wie eine achtsame Atmung. Dafür sind sowohl physiologische Gründe, wie der Gasaustausch, aber auch psychologische Gründe, wie die Konzentrationsschulung, verantwortlich.

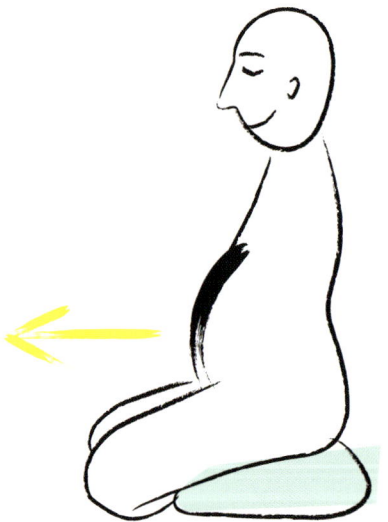

## Übung: Was sagt mein Körper?

Ihr Körper »spricht« den ganzen Tag zu Ihnen. Machen Sie es sich zur Gewohnheit, zumindest einige Male am Tag innezuhalten und ihm zuzuhören. Dazu reichen wenige Minuten.

Achten Sie zunächst auf Ihre Körperhaltung: Ist Ihr Rücken eher gerade oder gebeugt? Wo befinden sich Ihre Schultern? Hängen sie entspannt oder sind sie eher verkrampft hochgezogen? Wie halten Sie Ihren Kopf? Steif, gesenkt, schief, eingezogen, wie eine Schildkröte? Gibt es irgendwo Verspannungen oder Schmerzen? Wie fühlt sich Ihr Bauch an?

Wie angespannt oder weich ist Ihr Gesicht? Sind Ihre Zähne aufeinandergepresst und die Kaumuskeln gespannt oder ist die Mundpartie locker? Ziehen Sie die Augenbrauen hoch? Ist Ihre Stirn in Sorgenfalten gelegt. Wo befinden sich Ihre Mundwinkel? Auf Talfahrt?

Sie können auch auf Stimme und Tonfall achten, wenn Sie reden. Die Stimme verrät viel über die Stimmung.

Bei diesem kurzen Check geht es nicht darum, die Haltung sofort zu korrigieren oder zu bewerten. Meist ist nicht eine Fehlhaltung das Problem, sondern fehlende Bewusstheit. Nehmen Sie die körperlichen Signale einfach nur wahr. Natürlich können Sie, wenn es zeitlich möglich ist, eine entsprechende Übung anschließen. Zum Beispiel die Wut-Meditation, wenn Sie spüren, dass Sie Wut im Bauch haben. Oder die Bauchatmung, wenn Sie nervös sind usw.

## Übungspraxis

Die nachfolgenden Skizzen möchten den Übungsverlauf transparent machen, also wie Übungen in unseren Alltag integriert werden können. Am Anfang unserer Übungspraxis nehmen die Übungen natürlich den kleinsten Anteil ein. Der Alltag ist geprägt von Gewohnheitsmustern und Automatismen. Wir leiden und erholen uns wieder, haben Spaß und erholen uns wieder, nur um schon bald wieder zu leiden.

Wir probieren Dinge aus, die wir für hilfreich halten, aber die sind oft nur ein weiteres unbewusstes Element unseres Alltagslebens. Dann kommen wir an den Punkt, an dem wir in unserem Alltag eine wirklich heilsame Übung (Ü) einbauen. Vielleicht Meditation oder Yoga?

Diese Übung (Ü) stellt erstmal nur eine kleine Insel in unserem Alltag dar. Dennoch spüren wir schon nach kurzer Zeit ein paar positive Wirkungen. Das gibt uns die Motivation, die Übung etwas mehr auszuweiten. Wir werden dann womöglich demnächst unseren Tag mit einer heilsamen Übung beginnen und dann auch beenden.

Jetzt sind die Übungen langsam zu einem Tages-Leitfaden geworden. Das führt naturgemäß zu einer Steigerung von heilsamen Effekten. Unser Alltagsempfinden wird sich etwas verändern. Alles, was getan wird, hat Auswirkungen. Aber sollten wir unser Pensum wirklich nochmals steigern, obwohl wir bereits schon morgens und abends etwas üben?

## Mikropausen

Der nächste Schritt besteht in der Integration regelmäßiger sogenannter Mikropausen, also sehr kleiner Übungseinheiten, die nur etwa ein bis drei Atemzüge lang und die über den ganzen Tag verteilt sind. In den Mikropausen müssen wir eigentlich gar nichts unterbrechen. Es sind kurze Momente des Bewusstwerdens dessen, was jetzt gerade passiert. Zusätzlich können wir dann mit ein oder zwei achtsamen Atemzügen die Bewusstheit unterstützen.

Diese Atemzüge können wir dann sukzessive differenzierter einsetzen: Wenn wir zum Beispiel zu wenig Energie zur Verfügung haben, könnten wir durch die Brustatmung (S. 66) das Stresszentrum aktivieren und so für einen kleinen Schub sorgen. Oder wir bemerken eine zu hohe Anspannung und aktivieren durch Bauchatmung (S. 67) unseren inneren Ruhepol.

Wir können diese simplen, aber effektiven Übungen problemlos und reibungslos in unseren Alltag integrieren. Die Verwirklichung der regelmäßigen Mikropausen wird zahlreiche überraschende Wirkungen haben, die wir vorher gar nicht erwartet haben. Zudem wird sich sukzessive das Empfinden einstellen, dass es zwischen Alltag und Übung keine nennenswerten Unterschiede mehr gibt oder mehr geben muss. Das alles mündet nun in ein Bewusstsein, das im nächsten Abschnitt offenbart wird.

## Alltag = Übung

Wenn wir erleben, dass es prinzipiell zwischen Alltag und Übung keine essenziellen Unterschiede mehr gibt, dann sind wir schon sehr gut in der Achtsamkeitspraxis verankert.

Natürlich ist es noch nicht optimal, nur vereinzelte hilfreiche Inseln im Alltag zu haben, in denen wir etwas Heilsames umsetzen, nur um es dann den Rest des Tages wieder zunichtezumachen. Sie ahnen vielleicht schon, dass wir im Verlauf ein paar Entscheidungen treffen werden. Welche unserer bisherigen Gewohnheiten sind noch hilfreich und welche sind eher hinderlich? Wenn Sie zum Beispiel regelmäßig meditieren, werden Sie sehr genau spüren, welche Auswirkungen ein bestimmtes Konsumverhalten hat. Wenn Sie morgens meditieren, werden Sie spüren, ob Sie abends Alkohol getrunken haben oder nicht. Ob Sie einen aufwühlenden Film gesehen haben oder nicht. Mit weniger Ablenkung und mehr Achtsamkeit werden Sie sich selbst einfach besser spüren. Und zwar in beide Richtungen. Da es sich dann auf Ihrer persönlichen Erfah-

rungsebene abspielt, können Sie natürlich viel leichter entsprechende Entscheidungen treffen, als es Ihnen jetzt beim Lesen möglich erscheint.

Ein weiterer Aspekt soll nicht unerwähnt bleiben, der mit dem Gefühl von Übungszeit zusammenhängt. So reagieren einige Übende etwas besorgt. Sie können nicht so viel Zeit erübrigen. Sie meinen aber, dass es eine Zeit gibt, die für Übungen geopfert werden muss. Tatsächlich ist alles Lebenszeit. Wir können nicht erst das scheinbar Notwendige erledigen, um dann als Luxus Zeit für unsere Übungen zu nehmen.

Vielleicht nehmen Sie auch das Folgende als Anregung für einen Selbstversuch: Sie beenden Ihre Übungen einfach nicht. Sie stehen zwar auf, gehen zu anderen Aktivitäten über, aber behalten Ihr waches Übungsbewusstsein bei.

Und wenn Sie dennoch bewusste Übungszeit möchten, dann können durchaus viele Gelegenheiten genutzt werden, die Sie früher übersehen haben. Sie warten auf Verkehrsmittel, in der Warteschlange an der Kasse, beim Arzt, auf den Partner, den Freund oder andere Leute. Wenn sich Alltag und Übung sukzessive angleichen, dann werden unter anderem unsere vielen nervigen Bewertungszwänge gelindert; wir entspannen uns auch in schwierigeren Situationen, weil wir dann Übungstechniken zur Hand haben. Das hat zum Beispiel zur Folge, dass es für uns kein Warten mehr gibt.

## Kein Warten

Fühlen Sie sich zu einem Selbstexperiment eingeladen: Streichen Sie vielleicht für eine Woche den Begriff »Warten« aus Ihrem Wortschatz. Sie warten nicht, Sie leben! Sie warten nicht, Sie nutzen die günstige Gelegenheit für einen Augenblick der Bewusstheit. »Schön, dass es nicht sofort weitergeht, dann kann ich doch wieder bewusst etwas Gutes für mich tun.«

Nehmen Sie eine aufrechte Position ein, atmen Sie achtsam. Kein Automatismus

kann uns in diesem Moment austricksen. Wir müssen wirklich verstehen, dass wir auf kein Wunder warten dürfen. Und wir müssen auch auf kein Wunder warten. Ohne unser Zutun wird sich keine Veränderung einstellen.

## Erinnerungshilfen

Wir benötigen unumgänglich wirkungsvolle Erinnerungshilfen, damit wir möglichst oft im Laufe eines Tages Übungen im Alltag umsetzen. Sicherlich sind dafür auch elektronische Hilfsmittel, wie Smartphones, Computer etc., sehr geeignet. Diese Dinge kleben ja mittlerweile an den meisten von uns. Sie lassen sich kaum noch wegdenken, geschweige denn weglegen. Sobald etwas sich so gefestigt hat, kann es zum Problem oder zum Hindernis werden. Vielleicht sehen Sie es nicht als Problem? Dann sollte es doch keine Schwierigkeit machen, nur einmal das ganze Wochenende ohne Smartphone auszukommen. Vielleicht merken Sie erst dann, wie sehr Sie sich abhängig fühlen. Aber dennoch ist es möglich, bereits vorhandene »Probleme« für uns nutzbar machen. Nutzen Sie Ihre Elektronik, um sich, so oft Sie es als angenehm empfinden, an heilsame Übungen zu erinnern.

# Unser Geist ist wie ein unerzogener Hund!

In ungeschultem Zustand verhält sich unser Geist wie ein ruheloser Hund: Er rennt herum, ist furchtbar neugierig und kann keine fünf Minuten stillsitzen.

Einer der zentralen Aspekte von Meditation besteht darin, dass wir uns mit unserem eigenen Geist vertraut machen, ihn kennenlernen. Dafür müssen Sie sich nur einen Augenblick hinsetzen und in sich hineinhorchen. Dort werden Sie schon sehr bald Ihre innere Stimme zu hören bekommen; sie ist natürlich Ausdruck Ihres Geistes. Und diese innere Stimme ist oft alles andere als hilfreich. Wir vergleichen diese Geistesstimme mit einem Hunde-Geist. Das mag etwas unge-

## Unser Hunde-Geist lässt uns nicht zur Ruhe kommen

Das ist für viele Menschen, die zur Ruhe kommen oder gar meditieren möchten, eine echte Herausforderung. Aber natürlich ist dieses Phänomen nicht auf Meditation beschränkt. Wenn wir eine Pause machen oder abends einschlafen möchten, dann meldet sich der aufgeregte Hunde-Geist sehr oft in uns. Er treibt an, er lässt uns unruhig werden, er erzeugt einen unablässigen Strom von Gedanken.

wöhnlich klingen, aber wenn Sie Ihrem Geist zuschauen und zuhören, dann lassen sich durchaus schnell Ähnlichkeiten mit einem Hund erkennen. So wird Ihr Hunde-Geist sicher versuchen, Sie zu unterhalten, Sie zu beschäftigen; denn Ruhe kann er im ungeschulten Zustand kaum aushalten. Er ist wie ein unerzogener Hund. Er rennt hierhin und dahin, will ständige Beachtung. Sobald ein Geräusch entsteht, rennt er sofort dorthin. Seine Neugier ist kaum zu bändigen.

### Der Schlittenhund

Zudem kann er recht streng und pedantisch werden. Während unser Körper vielleicht eine Pause möchte, mutiert unser Hunde-Geist zu einer Art Schlittenhund, der uns immer weiter zieht und uns zugleich antreibt. Wenn Sie das selbst auch kennen, dann realisieren Sie bitte, dass es sich um ein normales Phänomen handelt. So funktioniert der ungeschulte menschliche Geist eben.

### Der Schweinehund

Wenn wir uns weiter mit den Qualitäten
unseres Geistes vertraut machen, dann
nehmen wir schon bald die verschiedens-
ten Formen wahr, die unser Hunde-Geist
annehmen kann. So kennt wohl jeder in
sich den inneren Schweinehund. Unser
innerer Schweinehund ist faul, er möchte
sich nicht viel bewegen und verbreitet
Lethargie und Desinteresse. »Ach, nicht
jetzt ... vielleicht morgen.«

### Der Kampfhund

Eine ganz andere Variante ist der innere
Kampfhund, der uns wütend machen
möchte.

Der innere Kampfhund besitzt nur wenige Verhaltensmöglichkeiten, wenige
Optionen. Er wird einfach immer nur
wütend, möchte am liebsten zubeißen
oder zumindest knurren. Er ist ein sehr
schlechter Ratgeber und wirkt äußerst
destruktiv.

## Ein Rudel unerzogener Streuner

Wenn Sie sich auf die Suche machen, werden Sie in sich sehr viele verschiedene Hunde-Geister antreffen. Ein riesiges Rudel wilder Streuner. Dieses innere Hunde-Rudel mit den einzelnen Hunde-Geistern in uns ist also recht unerzogen; sie machen, was sie wollen. Kaum ein Hunde-Geist ist wirklich erzogen. Selbst die devoten inneren Hunde sind eben so, wie sie sind, und nicht das Produkt unserer Erziehung. Kaum ein Hunde-Geist ist »stubenrein«.

Wenn Sie sich der Thematik öffnen, werden Sie erkennen, dass Sie Kräfte in sich tragen, die ein Eigenleben zu führen scheinen. Erkennen Sie vielleicht die Notwendigkeit, Ihren Hunde-Geist zu trainieren?

## Mit Meditation lässt sich der Hunde-Geist sanft erziehen

Diese Beschreibungen möchten verdeutlichen, dass Meditation recht gut mit einer sanften und geduldigen Hundedressur verglichen werden kann. Wir lernen unseren Hunde-Geist kennen. Und zwar in allen seinen Qualitäten.

### Beobachten Sie zunächst nur

Eine erste Herausforderung besteht darin, aus unseren Bewertungszwängen zu finden. Beobachten Sie Ihren Hunde-Geist wie ein neutraler Wissenschaftler und nicht wie jemand, der den Hund kontrollieren will. Indem wir uns über unseren Hunde-Geist aufregen, ihn amüsant finden, ihn zwingen oder gar ihn ignorieren wollen, geben wir ihm nur zusätzliches »Futter«.

Diese neutrale Haltung will natürlich geübt werden. Aber wenn wir diese Position immer öfter einzunehmen lernen, können wir schon bald bemerken, dass wir und unser Hunde-Geist nicht identisch sind. Es ist also möglich, den aufgeregten Hunde-Geist ruhig zu beobachten.

### Sie sind nicht Ihr Hunde-Geist

Probleme entstehen meist, wenn wir uns mit unserem Hunde-Geist identifizieren. Dann werden wir zum Beispiel zum Kampfhund und alles wird schlimmer. Der Hund und wir sind dann eins. Wenn wir selbst lernen, in der Ruhe zu verweilen, dann nehmen wir dadurch auch heilsamen Einfluss auf unseren Hunde-Geist. Er wird früher oder später auf uns aufmerksam. So können wir Kontakt aufnehmen. Wir können ihm anbieten: »Mach sitz! ... Braver Hund.«

## Ein friedlicher Hunde-Geist ist die Basis für Achtsamkeit

Wenn wir eine zugewandte, liebevolle und geduldige Haltung beibehalten lernen, dann wird unser Hunde-Geist mit der Zeit zutraulicher. Er lernt, uns zu vertrauen. So findet langsam ein immer vertrauterer Kontakt statt.

Das Erkennen der Natur unseres Geistes führt uns also zu einem gemeinsamen Frieden. Dieser Prozess bildet dann eine Basis, auf der wir einerseits konkret die Meditation vertiefen und andererseits unsere Persönlichkeit, die eben sehr stark von unseren Geistestätigkeiten abhängt, befrieden. Hier finden wir bedeutsame Grundlagen, um in uns Achtsamkeit zu entwickeln. Mit einem unerzogenen Hunde-Geist ist das kaum zu realisieren.

*Zzzzssss*
*Zzzzssss*

# Meditation und Achtsamkeit im Alltag

Sie lernen nun einige weitere Meditationsübungen, Visualisierungen und kleine Selbsthilfe-Tricks aus der Schatzkiste der BPT® kennen.

Im letzten Kapitel haben wir festgestellt, dass der Geist wie ein Hündchen gut zu trainieren ist. Wenn wir die Energie der Aufmerksamkeit zu lenken lernen, können wir in den Zustand der Achtsamkeit eintreten.

## Übung: Ruhe-Meditation

Die nachfolgende Skizze stellt eine Einstiegshilfe dar, um unseren Geist zu besänftigen. Setzen Sie sich aufrecht hin – gern in Meditationshaltung (S. 61) –, schließen Sie die Augen und stellen Sie sich einen kleinen See vor …

Lassen Sie sich damit ruhig etwas Zeit.

Anfangs wird es auf diesem inneren See noch viele Wellenbewegungen geben. Jede Empfindung erzeugt wieder neue Wellen.

Nur mit geduldigem Üben insbesondere der aufrechten Körperhaltung und der bewussten Atmung wird der innere Geistes-See immer häufiger eine glatte Oberfläche zeigen. Sie werden diese Momente als etwas ganz Besonderes erfahren.

Versuchen Sie es anfangs am besten mit einer möglichst wertfreien Beobachtung Ihres inneren Sees. Seien Sie nur wie ein Mensch, der an einem See lebt und diesen oft im Blick hat. »Oh, heute ist der See aber unruhig.« Sie können sich hinsetzen, zur Ruhe kommen, der Wind kann abflauen und Sie beobachten, wie sich der See wieder beruhigen wird.

Für diese Vorgänge besitzen alle Menschen in gleicher Weise Veranlagungen. Aber natürlich sind sie nicht bei jedem von uns schon ausgebildet. Veranlagungen sind wie Samenkörner, die sprießen und wachsen, wenn wir Sie pflegen und hegen.

Eine Technik, die sowohl bei innerem als auch bei äußerem Stress gut geeignet ist, stellt die folgende sogenannte Baum-Meditation dar. Hierbei geht es darum, innerlich einen Ort der Ruhe und Stärke aufzubauen, egal wie stürmisch es in Ihren Gedanken oder Ihrer Umgebung zugeht.

Äußere und innere Stressoren können nun mit einem Steinewerfen verglichen werden, das auf der Seeoberfläche für Turbulenzen und größeren Wellenbewegungen sorgt.

Zudem scheint das Wasser aus einer Art von mysteriösem Mineralwasser zu bestehen. Denn auch wenn von außen keine »Steine« mehr das Wasser aufwühlen, so perlt das Wasser innerlich unaufhörlich. Stetig und unablässig bilden sich neue Blasen und Bläschen. Die Gedankenproduktion reißt kaum ab. Diese »Gedanken-Blasen« steigen empor und platzen oben auf der Seeoberfläche und sorgen wieder für Unruhe, Begehrlichkeiten, Wünsche, Meinungen, Ideen, Impulse etc.

## Übung: Baum-Meditation

Die nachfolgende Skizze zeigt uns einen Menschen in klassischer Meditationshaltung. Um diese Baum-Meditation durchzuführen, müssen wir aber nicht zwangsläufig im Lotussitz verweilen. Es reicht, wenn Sie sich einfach auf eine feste Unterlage setzen, die nicht wackelt. Führen Sie Ihren Geist durch eine ruhige, entspannte Bauchatmung (siehe S. 67) etwas mehr in die Ruhe und beginnen Sie eine Visualisierung:

Stellen Sie sich selbst als Baum vor, der im Wind steht. Der Stress ist dann als starker Wind besonders in Ihrer Kopfregion, also der Baumkrone, dem Geäst und den Blättern spürbar. Ihre Kopfregion symbolisiert die Krone des Baumes. Hier ist noch viel Bewegung. Hier saust und pfeift es.

Ihr Rumpf symbolisiert den Stamm des Baumes, hier ist zwar auch noch etwas Bewegung zu spüren, aber Sie erfahren schon deutlich mehr Ruhe. Konzentrieren Sie sich bewusst auf Ihren Rumpf, von den Schultern und der Brust bis zum Bauch und Gesäß. Je weiter unten, desto ruhiger wird es. Der nächste Schritt ist die Wahrnehmung der vollkommenen Ruhe im Wurzelbereich. Nehmen Sie die Ruhe dort wahr und konzentrieren Sie sich auf den Boden, auf dem Ihre Füße sind und sich wie Wurzeln hineingraben.

Kopf    Krone

Bauch   Stamm

Füße    Wurzel

## Spüren Sie Ihre starken Wurzeln

In Stress-Situation können Sie nun die vorher geübte Baum-Meditation durchführen und spüren die Ruhe Ihrer Wurzeln. Lassen Sie dabei Ihre Aufmerksamkeit von oben, der Baumkrone, nach unten zu den Wurzeln wandern. Sie werden dabei unter anderem feststellen, dass Ihre »Wurzeln« ganz besondere Fähigkeiten aufweisen. Wenn Sie Ihr Bewusstsein dort für eine Weile fokussieren konnten, werden Sie nämlich bemerken, dass das tatsächlich auch eine spürbare Wirkung auf Ihre »Baum-Krone« hat. Prüfen Sie es selbst.

Noch einmal zur Erinnerung: Um in Stressphasen wirklich auf hilfreichen Übungen zurückgreifen zu können, müssen wir sie unbedingt vorher gut geübt haben. Wenn Sie mit solchen Übungen beginnen, dann erwarten Sie nicht zu viel von sich. Prüfen Sie möglichst oft, ob Sie sich selbst womöglich, neben dem äußeren Stress, zusätzlich innerlich unter Druck setzen.

## Übung: Fenster schließen

Wenn draußen ein Sturm aufzieht, dann ist es auch eine gute Idee, die Fenster unserer Wohnung zu schließen, sonst würde vieles in unseren Wohnräumen durcheinandergeweht. Jeder Seemann macht die Schotten dicht, wenn sich ein Sturm ankündigt. Die nachfolgende Skizze soll auf den Akt des Fensterschließens auf der symbolischen Ebene verweisen.

Der permanente Input an Informationen, Werbung, Musik, Geräuschen, Gesprächen, Lärm, Stress, Bildern, Filmen etc. sorgt in uns für sehr viel Unruhe und dann auch Unordnung. Machen Sie es sich zur Gewohnheit, sich täglich für eine gewisse Zeit vom äußeren Trubel abzuschotten. Diese Dauerberieselung hat nämlich, wie jeder konstante Reiz, die Eigenschaft, in unserer Wahrnehmung durch Gewöhnung unterzugehen. So wird Stress als normal empfunden, hat aber natürlich noch seine destruktive Wirkung.

Während dieser »geschlossenen-Fenster-Übung« werden alle Stör- bzw. Reizquellen für einen bestimmten Zeitraum eliminiert. Also Handy aus, kein Fernsehen, Internet, Telefon, aber auch nichts lesen. Das ist sicherlich ungewohnt, aber für Ihre Achtsamkeitspraxis ausgesprochen förderlich. Machen Sie daraus einfach ein Selbstexperiment. Wie fühlt sich das an? Es ist womöglich wie ein Entzug, wenn Sie schon süchtig nach Input geworden sind.

Einerseits haben Sie so eine kleine Insel der Ruhe im Alltag, anderseits werden Sie wieder für diesen steten Input sensibilisiert. Das ist wichtig, um langfristig die Dauerberieselung auf das unumgängliche Maß zu reduzieren; denn auch wenn Sie diese nicht bewusst als Stress empfinden, stellt sie eine Reizüberflutung dar, die Ihren Sympathikus in ständiger Alarmbereitschaft hält und ihn permanent stärkt.

Beginnen Sie mit einer kurzen Zeitspanne des »Fensterschließens«, dehnen Sie die Dauer dann auf eine Stunde oder länger aus, vielleicht am Wochenende.

## Übung: Pause-Taste zum Innehalten

Eine weitere wirksame Methode zur achtsamen Selbststeuerung ist die Entwicklung einer inneren Pause-Taste. Stellen Sie sich das ruhig wie bei Ihrer Musikanlage vor: Mit der Pause-Taste wird alles für kurze Zeit gestoppt. Bei dieser Übung betätigen Sie, beispielsweise während der nächsten Viertelstunde, bei jedem registrierten Impuls die Pause-Taste. Die jeweiligen Impulse können sowohl von innen als auch von außen kommen. Sie wollen aufstehen, nach etwas greifen, jemandem antworten, telefonieren, etwas essen. Bei jeder dieser Absichten drücken Sie kurz auf die Pause-Taste, halten also einen Atemzug lang inne, bevor Sie Ihrem Impuls folgen. Auch wenn der Impuls von außen kommt – Sie erhalten eine Anweisung oder Ihre Kinder wollen etwas von Ihnen –, drücken Sie für eine kurze Weile die Pause-Taste, bevor Sie reagieren

So werden Sie Ihrer Impulse stärker gewahr und Sie etablieren eine kleine Frist, die Impuls und Handlung voneinander entkoppelt. Das ist der erste Schritt, um unliebsame Automatismen aufzulösen.

## Übung: Stopp-Taste bei Grübeleien

Eine Technik, die sich nicht nur in der Buddhistischen, sondern allgemein in der Psychotherapie bewährt hat, ist die Stopp-Taste. Sie ist genauso wirksam wie einfach (zumindest theoretisch). Immer wenn Sie merken, dass Sie Grübeleien nachhängen oder sich in Ängste und Sorgen hineinsteigern, sagen Sie »Stopp!« (laut oder in Gedanken). Zählen Sie sich dann innerlich auf, was Sie gerade wahrnehmen (sehen, hören, riechen, etc.). Die Aktivierung Ihrer Sinne verankert Sie wieder mehr mit dem Hier und Jetzt.

Je häufiger Sie das Stopp-Signal verwenden, desto kraftvoller wird es. Die ersten Male ist sicherlich nur ein ganz kurzes Innehalten möglich, bevor Ihr sorgenvoller Verstand das Stopp-Schild überfährt und sich wieder in seine Grübeleien stürzt. Bleiben Sie hartnäckig am Ball und bremsen Sie das Gedankenkarussell immer wieder aus; je besser Sie diese Übung trainieren, desto hilfreicher wird sie für Sie. Nach dem Stopp-Zeichen können Sie viele weitere positive Dinge anvisieren. Lenken Sie selbst Ihre Aufmerksamkeit und lassen Sie sich nicht einfach nur führen.

Auch während der Meditation können Sie das Stopp-Signal bei Bedarf einsetzen.

## Gefühle und Emotionen

Unsere spontanen Gefühle, wie Angst oder Aggression, können z. B. durch einen Sinnesreiz oder eine Erinnerung ausgelöst werden; sie würden, wenn unser Verstand nicht einspränge, genauso schnell wieder verschwinden, wie sie gekommen sind. Unser Verstand stürzt sich aber sofort auf jedes wahrgenommene Gefühl ordnet es ein und bewertet es, so wird aus einem eigentlich kurzlebigen Gefühl eine anhaltende Emotion. Das wird noch durch die Tendenz, sich mit der Emotion zu identifizieren, verstärkt. Wir sagen oder denken dann zum Beispiel: »Ich bin ängstlich« statt »Ich spüre gerade ein ängstliches Gefühl«. Passend zum Angstgefühl werden dann auch noch entsprechende Gedanken produziert.

Bildlich gesprochen macht unser Verstand aus jeder Mücke einen Elefanten, wenn wir ihn nicht daran hindern. Um rechtzeitig gegensteuern zu können, müssen wir diese Abläufe aber erst einmal bemerken und wahrnehmen. Dazu ist die folgende Übung gut geeignet.

## Übung: Emotionen und zugehörige Gedanken

Sie beginnen mit der Übung, wenn sich gerade eine deutlich spürbare Emotion in Ihnen zeigt. Setzen Sie sich dann bequem und aufrecht hin. Lassen Sie Ihre Schultern locker sinken und entspannen Sie auch das Gesicht.

Wir kommen nun zu einem sehr wesentlichen Punkt, nämlich der genaueren Definition von Achtsamkeit. Achtsamkeit besteht aus einem Drei-Schritte-Prozess:

**1. Die Körperebene:** Achten Sie zuerst bitte immer nur auf die körperliche Ebene. Welche körperlichen Veränderungen nehmen Sie wahr? Wo sitzt die Emotion im Körper und wie zeigt sie sich? Wie fühlt sich das an?

**2. Die emotionale Ebene:** Dann wenden Sie sich der emotionalen Ebene zu. Benennen Sie die Emotion möglichst genau. Ist es im Falle von Wut eher Groll oder Zorn? Oder ist es im Fall von Angst eher Furcht oder gar Panik. Welcher Ausdruck trifft Ihre Emotion am besten? Oder gibt es hinter der zuerst wahrgenommenen Emotion noch eine andere? Und wo befinden sich die Emotionen in Ihrem Körper?

**3. Die geistige Ebene:** Im dritten und letzten Schritt geht es um die gedankliche Ebene. Welche inneren Monologe führen Sie? Welche Sätze kommen Ihnen in den Sinn? Welche Einordnungen und Bewertungen bietet Ihr Verstand Ihnen an?

Zu lernen, diese drei Instanzen »Körper«, »Emotionen« und »Gedanken« differenziert wahrzunehmen, ist grundlegend für die Achtsamkeitspraxis. Schließlich bestehen alle unsere Empfindungen nur aus diesen drei Bereichen, nicht mehr und nicht weniger.

Eine große Wut, eine schwere Angst, ein tiefer Schmerz oder eine bleierne Depression, alles besteht nur aus diesen drei Anteilen. Und natürlich lässt sich jeder dieser Bereiche wieder unterteilen. Denn die körperliche Seite der Angst z. B. besteht aus vielen Symptomen und die wiederum aus weiteren Einzelteilen. Wir können tatsächlich jede Empfindung so zerkleinern, dass eigentlich gar nichts übrig bleibt.

Die nachfolgende Tabelle kann eine erste Hilfe sein, um Achtsamkeit in sich zu erzeugen. Das geschieht, indem Sie die oft diffusen inneren Empfindungen in die drei Achtsamkeitsbereiche (Körper, Emotionen, Geist) differenzieren.

# Emotionen und zugehörige Gedanken wahrnehmen

## Die Körperebene

Welche körperlichen Veränderungen
nehmen Sie wahr?

Wo sitzt die Emotion im Körper und
wie zeigt sie sich?

Wie fühlt sich das an?

## Die emotionale Ebene

Benennen Sie die Emotion möglichst
genau. Ist es im Falle von Wut doch
eher Groll, Ärger, Hass oder Zorn?

Welcher Ausdruck trifft Ihre Emotion
am besten?

Und wo befindet sich die Emotion in
Ihrem Körper?

Welche inneren Monologe
führen Sie?

Welche Sätze kommen Ihnen in
den Sinn?

Welche Einordnungen und
Bewertungen bietet Ihr Verstand
Ihnen an?

Mit etwas Übung können Sie schon bald die Tabelle innerlich abkürzen. Dann differenzieren Sie immer schneller Ihre Empfindungen in die drei Bereiche.

## Womit beginnen wir nun?

Ich möchte Ihnen an dieser Stelle ein paar Anregungen geben, die sich in der Praxis als besonders hilfreich herausgestellt haben.

**Weniger ist mehr:** Versuchen Sie nicht, alles sofort in sich aufzunehmen. Suchen Sie sich lieber einen Aspekt, der Sie besonders angesprochen hat, und vertiefen Sie ihn.

**Die Motivation entscheidet:** Machen Sie sich über Ihre Motivation ein klares Bild. Wie sicher sind Sie sich, dass Sie sich wirklich verändern können und möchten. Übergehen Sie diesen Punkt nicht, denn er ist mitentscheidend für alles Weitere.

**Alles beginnt mit dem Körper:** Sie können als vereinfachten Einstieg die Achtsamkeitsmethode der drei Ebenen (Körper, Emotionen und Geist) noch weiter vereinfachen. Konzentrieren Sie sich für die nächste Zeit hauptsächlich auf die erste Ebene: die Körperebene.

Versuchen Sie, sich, so oft es geht, im Laufe des Alltags auf Ihren Körper zu besinnen. Bringen Sie am Morgen eine passende Spannung in Ihren Körper, ernähren und bewegen Sie Ihren Körper angemessen. Nutzen Sie Erinnerungshilfen und jede sich bietende Situation, um Ihren Körper aufzurichten. Wenn Sie Ärger und Sorgen haben, dann spüren Sie in Ihren Körper nach der schmerzlichen Stelle und nach der ruhigen Stelle. So gehen Sie aus dem Problembereich Kopf in den davon entfernten Bereich des Körpers.

Sich nur auf den Körper zu besinnen, klingt einfach, aber Sie werden darin einen ganzen Kosmos wiederfinden. Sie realisieren Ihre Atmung, Sie realisieren, wie Sie stehen, gehen, sitzen oder liegen. Sie realisieren Ihre Körpersprache und wie Sie mit Ihrem Körper umgehen. Zudem können Sie realisieren, wie sich Ihr Körper erhält, wie er sich verändert und wie er vergehen wird. So kann aus einer kleinen, scheinbar einfachen Übung ein großes Projekt werden, das Sie tief mit sich selbst verwurzeln lässt und das Sie auch über sich selbst hinausbringen kann.

Welche Haltung hat Ihre Körper denn jetzt gerade? Hatten Sie es im Blick?

## Und das soll schon alles sein?

Nein, das ist natürlich nicht alles, aber es ist das alles Entscheidende. Es ist das Fundament unserer gesamten Kompetenzen. Wenn wir uns nicht aktivieren, nicht beruhigen und nicht klären können, bleiben wir unbewusst und verworren. Wenn die ersten Achtsamkeitsgrundlagen nicht sicher gelegt werden, benötigen wir auch keine darüber hinausgehenden Tricks.

Den Hof zu fegen, kann manchmal wichtiger sein, als ein Kunststück auf dem Dach zu vollbringen.

Wenn Sie darunter leiden, sich selbst immer unter Druck zu setzten, dann wäre es hilfreich, in diesem Kontext eher durchzuatmen und lockerer zu lassen. Sie werden mit vielen Anspannungen in eine Problemlage hineinkommen können, aber die gleiche Anspannung wird Sie dort nicht wieder herausbringen.

Es ist ein sicherer Erfahrungswert, dass sich jemand, der gut in seinem Körper zuhause ist, der gelernt hat, sich entspannt aufzurichten, bewusst zu atmen und seinen Geist zu klären, nicht mehr viel hinzufügen muss. Ein waches Bewusstsein kann auf sicherer körperlicher Basis verweilen.

Wenn Sie sich selbst gut absichern können und Ihr Ego solide stabilisiert ist, können Sie sich auf den Weg machen, das Erschaffene auch wieder zu lockern.

# Das Ego geht, die Weisheit kommt

Die nächste Skizze zeigt einen idealen Verlauf einer Persönlichkeits-Entwicklung. Im Laufe der Lebenszeit kann sie heranwachsen. Falls Ihr Ego geschwächt ist, können Sie die hier beschriebenen Selbststeuerungsübungen nutzen, um Ihr Ego zu stärken.

Heilsame Übungen und Selbsterkenntnisse sollten unsere Weisheit fördern (für die auch jeder Mensch die Veranlagung mitbringt), und so können wir vielleicht in der Lebensmitte mit reiferem Ego und stabiler Weisheit erkennen, dass unsere vielen Ego-Regungen nicht so wichtig sind und uns auch nicht immer glücklich machen. Zufriedenheit erreichen wir nicht damit, dass wir allen Ego-Wünschen nachgeben, sondern indem wir lernen sie loszulassen. So ist es uns dann vielleicht möglich, das Ego etwas zu lindern. Wir müssen uns dann nicht mehr ständig beweisen. Unsere

Kränkbarkeit nimmt ab, die Gelassenheit nimmt mit der Altersmilde zu. Aber diese schönen Entwicklungen sind leider kein Automatismus wie das Älterwerden an sich. Wir müssen uns darum aktiv bemühen. Womöglich können wir spirituelle Erfahrungen sammeln, die uns spürbar machen, wie es sich anfühlt, wenn unser Ego schwindet. So können wir zum Beispiel in der Meditation selbst erfahren, wie es sich anfühlt, wenn die Ego-Regungen nachlassen.

Die Linderung unserer Ego-Regungen geht dann oft mit einer Zunahme an Weisheit einher. So spüren wir, dass das Älterwerden eben doch nicht nur Negatives zu bieten hat. Im Gegenteil, wir müssen uns nicht mehr unserem Ego unterordnen und wir können die heilsamen Auswirkungen unserer Weisheit ernten.

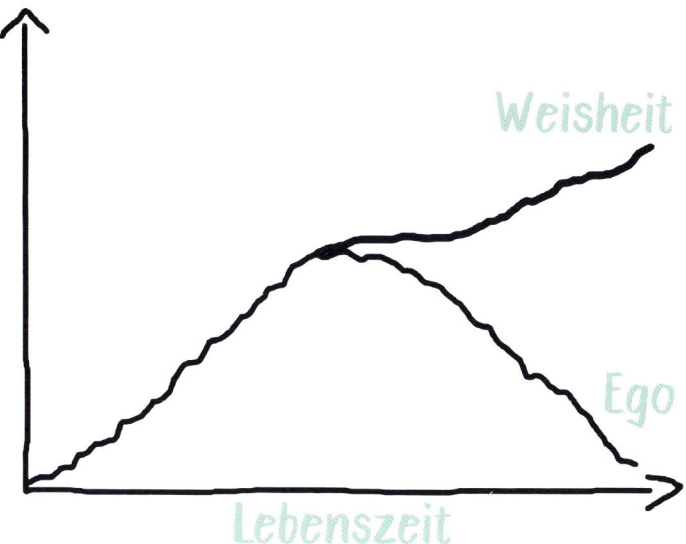

Weisheit

Ego

Lebenszeit

Die spirituelle Entwicklung kann allerdings erst beginnen, wenn wir unser Ego stabilisieren konnten. Denn eine nachhaltige und heilsame spirituelle Entwicklung führt uns auf einen Weg der Ego-Linderung und dann Ego-Auflösung. Und diese Ziele können nur aus einer stabilen Ego-Position heraus mit Achtsamkeit angegangen werden.

Wenn Sie noch etwas zweifeln, ist das völlig okay. Aber vielleicht geben Sie sich selbst eine Chance und überprüfen eigenständig diese Anregungen.

Mögen Sie auf Ihrem Weg viel Achtsamkeit und inneren Frieden erlangen.

# Service

Weitere Inspirationen, Seminar- und Ausbildungs-
termine des Autors finden Sie auf dieser Website:

www.Info-BPT.de

## Bücher des Autors zum Weiterlesen

**Buddhistische Psychotherapie.** Ein Leitfaden
für heilsame Veränderungen. 4. Aufl. Oberstdorf:
Windpferd; 2012

**Befreit – Verbunden.** Der buddhistische Weg zu
einer glücklichen Liebesbeziehung. Oberstdorf:
Windpferd; 2011

**Praxisbuch Buddhistische Psychotherapie.**
Konkrete Behandlungsmethoden und Anleitung zur
Selbsthilfe. 2. Aufl. Oberstdorf: Windpferd; 2013

**Einführung in die Buddhistische Psychotherapie.**
Oberstdorf: Windpferd; 2012

**Der Tod des Dalai Lama.** Roman. Bielefeld:
Kamphausen/Tao; 2013

**Buddhistische Lebenskunst:** Mit dem B-Prinzip zu
innerer Befreiung. München: Lotus; 2013

**Der leichte Weg:** Buddhistische Strategien, die
in unserem Alltag funktionieren. Oberstdorf:
Windpferd; 2014

**Dein erleuchtetes Ego:** Ohne Selbstaufgabe in die
Befreiung. München: Heyne; 2014

**Leben und Sterben:** Buddhistische Inspirationen
für unseren Weg zwischen Geburt und Tod. Oberstdorf: Windpferd; 2014

**Psychosomatik ist die Art und Weise wie wir alle
funktionieren.** Oberstdorf: Windpferd; 2015

**Achtsame Selbststeuerung:** Grundlagen und Praxis
der Achtsamkeit. Oberstdorf: Windpferd; 2016

**Das Skizzenbuch,** EBook; 2017

**Bibliografische Information der Deutschen Nationalbibliothek**
Die Deutsche Nationalbibliothek verzeichnet diese Publikation in der Deutschen Nationalbibliografie; detaillierte bibliografische Daten sind im Internet über http://dnb.d-nb.de abrufbar.

Programmplanung: Sibylle Duelli
Redaktion: Anne Bleick, Stuttgart
Umschlaggestaltung und Layout:
CYCLUS Visuelle Kommunikation, Stuttgart

Bildnachweis
Umschlagillustration und Illustrationen im Innenteil: Daniela Sonntag, Stuttgart; nach Ideen von Matthias Ennenbach

1. Auflage 2016

© 2016 TRIAS Verlag in
Georg Thieme Verlag KG
Rüdigerstraße 14, 70469 Stuttgart

Printed in Germany

Satz und Repro: Reemers Publishing Services GmbH, Krefeld
gesetzt in Adobe Indesign CC 2015
Druck: AZ Druck und Datentechnik GmbH, Kempten

Gedruckt auf chlorfrei gebleichtem Papier

ISBN 978-3-432-10299-3

Auch erhältlich als E-Book:
eISBN (PDF)   978-3-432-10300-6

1 2 3 4 5 6

**Wichtiger Hinweis:** Wie jede Wissenschaft ist die Medizin ständigen Entwicklungen unterworfen. Forschung und klinische Erfahrung erweitern unsere Erkenntnisse. Ganz besonders gilt das für die Behandlung und die medikamentöse Therapie. Bei allen in diesem Werk erwähnten Dosierungen oder Applikationen, bei Rezepten und Übungsanleitungen, bei Empfehlungen und Tipps dürfen Sie darauf vertrauen: Autoren, Herausgeber und Verlag haben große Sorgfalt darauf verwandt, dass diese Angaben dem Wissensstand bei Fertigstellung des Werkes entsprechen. Rezepte werden gekocht und ausprobiert. Übungen und Übungsreihen haben sich in der Praxis erfolgreich bewährt.

Eine Garantie kann jedoch nicht übernommen werden. Eine Haftung des Autors, des Verlags oder seiner Beauftragten für Personen-, Sach- oder Vermögensschäden ist ausgeschlossen.

Geschützte Warennamen (Warenzeichen) werden nicht besonders kenntlich gemacht. Aus dem Fehlen eines solchen Hinweises kann also nicht geschlossen werden, dass es sich um einen freien Warennamen handelt.

Besuchen Sie uns auf facebook!
**www.facebook.com/
trias.tut.mir.gut**

Lassen Sie sich inspirieren!
**www.pinterest.com/
triasverlag**